“我一开口，就能说服所有人”

诸葛亮说话之道

盛安之◎著

黑龙江教育出版社

图书在版编目（CIP）数据

我一开口，就能说服所有人：诸葛亮说话之道 / 盛安之著. -- 哈尔滨：黑龙江教育出版社, 2017.11
（读美文库）
ISBN 978-7-5316-9693-3

Ⅰ. ①我… Ⅱ. ①盛… Ⅲ. ①《三国演义》研究②语言艺术－通俗读物 Ⅳ. ①I207.413②H019-49

中国版本图书馆CIP数据核字（2017）第295110号

我一开口，就能说服所有人：诸葛亮说话之道
Woyikaikou Jiuneng Shuofu Suoyouren
盛安之 著

责任编辑	曾令欣
装帧设计	MM末末美书
责任校对	张秀敏
出版发行	黑龙江教育出版社 （哈尔滨市南岗区花园街158号）
印　　刷	北京柯蓝博泰印务有限公司
开　　本	710毫米×960毫米　1/16
印　　张	15
字　　数	160千
版　　次	2018年2月第1版
印　　次	2018年2月第1次印刷

书　　号　ISBN 978-7-5316-9693-3　　　定　　价　35.00元

黑龙江教育出版社网址：www.hljep.com.cn
如需订购图书，请与我社发行中心联系。联系电话：0451-82533097　82534665
如有印装质量问题，影响阅读，请与我公司联系调换。联系电话：010-64926437
如发现盗版图书，请向我社举报。举报电话：0451-82533087

前　言
Preface

演讲与口才是历史的宠儿。

古希腊演讲大师德摩斯第尼认为："雄辩的口才，比准确的子弹更有力；弹无虚发的子弹，敌不过锐利如刀的辩才。"春秋战国时期，演讲风气盛况空前，像孔子、孟子、苏秦、张仪，等等，都是能言善辩、才学出众的人物，实际上也都是一些很了不起的演说家。读过先秦文学的人都知道，那一篇篇流传于世的文章，就是这些演讲家的演说词或狡辩词。

您眼前这本口才书，将带领您换个角度看《三国演义》，换个角度淘尽天下英雄！看三国，有人看关羽要大刀，有人看张飞要长矛，有人看吕布戏貂蝉，有人看周瑜烧赤壁，有人看曹操令诸侯，有人看司马吃三国……唯独诸葛亮，只有一把鹅毛扇，只凭一张嘴，却从头到尾都是故事的主角。因此，也有人说看三国，只是为了看一个人——诸葛亮，看他那神鬼莫测的智谋，看他那挥洒自如的风度，也看他那纵横捭阖的人生。

刘备三顾茅庐后第一次见诸葛亮时，算得上是对他的第一次面试。诸葛亮以完美的口才分析了当前的天下形势：曹操不可与之争锋，孙权应用为援，荆州、益州应取。这番面试演讲，即闻名天下的隆中对。如此的口才，说出了一番长篇大论的完美的对策，让刘备避席拱手谢曰："先生之言，顿开茅塞，使备如拨云雾而睹青天。"

曹操百万雄兵压境时，孙权的文臣武将分为投降派和主战派。刘备要想联孙抗曹，不说服这些整天在孙权耳边散布曹操威胁论、曹兵不可战胜论、降曹自保的一班文臣谋士是不行的。但要说服这些满腹经纶的人物，也绝非是一件易事！主张联刘抗曹的鲁肃引诸葛亮见了东吴的这群谋士，诸葛亮以完美的口才分别反驳了张昭、虞翻、步骘、薛综、陆绩、严峻、程秉等人的问难，以致“众人见孔明对答如流，尽皆失色”。从此，诸葛亮舌战群儒家喻户晓。

诸葛亮在说服孙权联刘抗曹时，很聪明地抓住了孙权一向以英雄自居的心理，使用了言语激将法。孙权被诸葛亮的一番话激励得热血沸腾，当即表态，与刘备联合起来抗击曹军。

面对犹豫不决的周瑜，诸葛亮先顺着周瑜的话，说他投降是对的，然后建议他把大小二乔送给曹操。把周瑜气个半死，而诸葛亮还佯作惶恐之状曰：“亮实不知。失口乱言，死罪！死罪！”

周瑜死后，诸葛亮到柴桑口吊丧，读了一篇祭文，读完还伏地大哭，泪如涌泉，哀恸不已，使得众将相谓曰：“人尽道公瑾与孔明不睦，今观其祭奠之情，人皆虚言也。”鲁肃见孔明如此悲切，亦为感伤，自思曰：“孔明自是多情，乃公瑾量窄，自取死耳。” 周瑜死了还得不到同情！

诸葛亮劝刘备称王，言辞虽然很短，但却让刘备觉得推辞不过，好像非得答应不可。诸葛亮后又劝刘备登基，不仅表现了其直抵人心的完美口才，也表现了他体察入微的心理洞察能力。今天的经理人若能把这些精妙之处应用于董事会上的腾挪转和，想必是大有裨益的。

最能体现诸葛亮“三寸之舌，强于百万雄兵；一人之辩，重于九鼎之宝”的是骂死王朗。试想两军对垒，活生生把一个人骂死，这就是天才演说家呀！王朗一开始还大笑，听到后来竟“气满胸膛，大叫一声，撞死于马下”！

一部三国，书生诸葛亮成大事靠的是说话的功夫，他的大谋小计都凭借他的口才得以实现，因此有句歇后语叫“诸葛亮下江东——全凭一张嘴”。

的确如此，诸葛亮的口才不是一般的好，而是到了出神入化的境界，成为后世几千年学习的对象和能言善辩者的楷模。

当代的我们，处于现代社会，随着经济、政治和文化的发展，口才的作用也越来越明显。公关谈判需要口才，调解矛盾需要口才，表现自我需要口才，就连讨价还价也需要口才，口才已经深入到生活的每一个角落，已经是生存的一项重要本领。如果可以不动干戈，以口谋胜，相信很多人会选择动动嘴皮子，而不是绞尽脑汁！

因此，在为人处世、谋生求利时，我们需要练成一套见什么人说什么话的本领，不仅要会说直话，也要会说隐语；不仅要会说硬话，也要会说软语；不仅要会讲实话，也要会说趣话；不仅要会说正话，也要会说反话。一个既能言善辩又修养高雅的人，在生活中会如鱼得水，事事如意！

曾有人说，诸葛亮是中国人练就口才的活教材。的确，诸葛亮的说话艺术是根植于中国传统文化的大智慧和真功夫，只要多加体会、多加品味和练习，我们现代人也能像他一样成就一番事业、留下一段佳话。

目　录

Contents

第三章　激术——铁不敲打不成器

第四章　破术——推云拨雾，柳暗花明

第五章　局术——话里有话，局里有局

第九章 圆术——话有失足，圆之有道

第一章

辩术——柔舌能退百万兵

这样对付心存挑衅的人

在生活中，我们常常毫无防备地遇到一些人，他们生性喜欢挑衅，而你又不想与他发生争执，这时候，你该怎样说话才能既不激怒对方，又坚持自己的立场呢？这就需要好好斟酌了。

我们不妨看看诸葛亮在赤壁之战前前往东吴舌战群儒中面对东吴一名士的责难时为自己所作的辩解。

那位名士说：“你所说的话，都是强词夺理，无中生有，都不是正经的理论，就不要再多说了。现在请问你学的是什么样的理论？”

诸葛亮说：“只知道按照书上所说的摘抄文章，拼凑句子，那只不过是一些不知变通的酸儒的学习方法，像这样的人怎么能够去治理百姓，安邦治国呢？自古以来的名人贤士，比如像前朝的伊尹在莘地耕田，姜子牙在渭水钓鱼，还有张良、陈平、邓禹、耿翕这样的名士，都有安邦治国的才能，也没有人去追究他们究竟学的是什么样的理论。（像这样的名士）怎么会效仿那些不知变通的书生，徘徊于笔墨纸砚之间，只知道舞文弄墨而已？”

诸葛亮在面对这个所谓的名士的挑衅时，显然并没有惊慌失措，而是沉着冷静地巧妙应对。他在面对那位名士的责问时，针对他所依据的所谓“正经理论”，进行了有力的反驳，采用了把其所依靠的“墙壁”推倒，从而使对方无法在言论上立足的策略，使对方自知理屈，无法辩驳。

跟诸葛亮学说话

跟他人争论一些无关紧要的问题，确实对自己的前程、事业乃至生活起不到任何促进作用，所以卡耐基把“避免与他人争论”作为赢得别人好感的谈话原则。但是，生活中总是不可避免地遇到那么一小撮喜欢拿别人寻开心的人。在面对这种人时，不妨暂时切换你的交际理念，对他们的言语冒犯，不能一味地生闷气，要知道，他们往往是借你的“气”而助长自己的气焰，从而激怒你，让你乱了分寸，然后战胜你，应该像诸葛亮舌战群儒一样“谈笑间灰飞烟灭”，在不动声色间让对方偃旗息鼓。

查尔斯·兰姆是英国著名文学家，有一次他在做公众演讲时，台下有一些人故意捣乱——他们发出嘘嘘的怪声。这样一来，会场出现了纷乱。

兰姆高声对听众说道：“大家都知道，只有三种东西发出嘘嘘声：蛇、鹫鸟、傻子。刚才的声音来自何方？可不可以让大家见识一下？”

这么一来，会场顿时恢复安静。

兰姆通过给嘘嘘发声的来源限定范围，然后站在听众的立场要求那些扰乱会场秩序的人自觉收敛，明显打击了对方的嚣张气焰，令他们再也不敢抛头露面、故意捣乱。

除了这种明显的言语冒犯方式，有时你还会遇到一些很棘手的问题。比如，有时提问者的动机是想利用一个棘手问题让你出洋相，甚至引诱你进入一个圈套。这个时候，你必须小心应对，方能不陷入对方的圈套。

一般来说，心存挑衅的人都是有备而来，或是对自己的条件估计得比较充分，有信心战胜你。他的谈锋一般是指向一个地方，对你的要害部位实行“重点攻击”，你一旦应对不佳，就会从一开始就陷入被动境地。

在这种情况下，你该如何应对呢？对付的办法有多种，根据情况的不同你可以加以选择。

（1）后发制人

这是使自己能站稳脚跟的最有效办法。每个人也许都有这种经验：先把拳头缩回来，积蓄到一定程度，看准了对方的弱点，再猛烈地打过去，要打得准，还要打得狠。

后发制人一般在以下两种情况下施行，最为有效：

第一种情况：当对方到了已经不能自圆其说的时候。

咄咄逼人者往往在刚开始时锋芒毕露。也许你根本找不到他的破绽，但是，你应该抱着这么一种观念，他总有不攻自破的时候，总是有软弱的地方，只是你还没发现而已。你需要做的往往是等待时机，一旦其锋芒收敛，想做喘息、补充的时候，你的机会就来了。

第二种情况：当对方已是山穷水尽的时候。

当对方已经把要进攻的全部进攻完毕，把要打击你的部位打击完毕，而后发现，他连你的“伤口”部位都还没有找到，其锋芒所指，无非是微不足道的小错误，或者其打击的部位亦不全面，从本质上动摇不了你的根本，这就是所谓的“山穷水尽”。他技穷之时，也是你反守为攻的开始。

（2）针锋相对

针锋相对即是以和对方同样的火力，向对方进攻。对方提供什么问题，你就给予十分肯定或否定的回答，丝毫不退让，一点也不拖沓，也不拖泥带水，使对方无机可乘。

（3）假装退却，巧设陷阱

假如对方的问话是你所必须回答的，而又要对方跟着你的思路走，你可以假装在某一方面退却，待对方乘机逼过来，你就可以把他带远了，待他完全进入圈套，然后再回过头来对他反击。

（4）抓住一点，丝毫不让

对方话锋强烈，火药味儿浓，你又无法反击，他提出的重大问题，你无法一一回答，这种情况下你怎么办？迅速找到他谈话内容中的一个小漏洞，即使再微不足道也无所谓，可以把这一点无限扩大，使其不能再充分展开其他方面的进攻。你可以在这一点上来回与他周旋，并迅速地想出应付其他问题的办法。

（5）顾左右而言他

顾左右而言他是当你理亏时，被对方逼到了死角，而又实在不想丢面子，就可以乱缠一番，把没有理的说成有理的，把本来不相干的事物联系在一起，说成是很有联系的事物，把不可能解决的、不好解决的问题与你的问题扯在一起，以应付对方的连续进攻。

顾左右而言他是一种不得已的办法，在某种程度上，是不正当的，但却也不失为一种自我保护的方法，特别是当对方欺人太甚、丝毫不留情面的时候。另外，用这种办法，可以先拖住对方，以便有时间考虑真正应付的办法。

（6）把球踢给对方

这是谈话中要运用的一个很普遍、很实用的技巧。当对方的问题很难回答、问的角度很刁，你回答肯定、否定都可能出差错时，那就不要回答，把问题再还给对方，从哪个地方踢来的球，再踢回到那儿，将对方一军。比如，有一个国王故意问阿凡提："人人都说你聪明，不知道是真是假。如果你能数清天上有多少颗星星，我就承认你很聪明。"阿凡提说："如果你能告诉我我骑的毛驴有多少根毛，我就告诉你天上有多少颗星星。"

（7）打擦边球

打擦边球的技巧就是给予对方一个模棱两可的回答，好像打乒乓球时的擦边球，似乎球出台了，但一个回旋，球又擦边上了台。面对咄咄逼人的追问，你就还一个擦边球式的回答，看起来与对方的问题不相干，几乎没有回答他的追问，但又确实与此有关，使对方不能对你进行无理的指责。

总之，对付心存挑衅的人时，不要心存畏惧，"兵来将挡，水来土掩"，方可立于不败之地。

有的放矢，直言透彻

当面对领导责难的时候，急于辩解往往适得其反。人在气急败坏时很难理性思考，这时候，最好的办法是换位思考，平心静气地从为领导着想的角度解释自己的做法，让领导安心，等领导平静下来，再去沟通。

在刘备被曹操追杀得几乎无路可逃的时候，诸葛亮却先带兵到了江夏，当刘备一遇上诸葛亮，心中难免会有一些怨气。为了消除刘备的怨气，诸葛亮向刘备解释了自己先行一步的真实原因。

诸葛亮说："我自从到了江夏，先让关羽从汉津登陆，想必现在他已经攻下了汉津，所以就特地请刘公子（刘琦）前来接应你。我去夏口，带领所有的兵马前来帮助你。夏口地势险要，并且存有不少的物资和粮食，可以长久地坚守下去，所以就请主公你先到夏口驻扎部队以及休养。刘公子自己先回江夏，整顿好战船，准备好作战的兵马器械，驻守江夏，与你互相响应。这样的部署可以抵挡曹操的进攻。如果一起驻扎江夏，反而因为缺乏互相响应而显得势力孤单。"刘备听后非常高兴。

诸葛亮在面对自己想要扶持的刘备时，并没有长篇大论地讲述自己的长远战略眼光，因为他知道这个时候刘备被曹操追杀得惊魂未定，最重要的是先让其稳下心来，沉住气，然后才能渡过眼前的劫难。于是，诸葛亮简练、明了地阐述了自己的做法及目的。由于诸葛亮的口才和因人而异的说服方法，刘备听了以后，很快就由惊弓之鸟再度变成了高高在上的"主公"，不但安心了，而且"非常高兴"。

跟诸葛亮学说话

万事万物之间都有一环扣一环的复杂的联系。在论辩之中，深入地揭示事物之间的必然内在联系，将前后论辩过程密切地串联在一起，使自己的论辩言辞具有严密的逻辑性与雄辩的说服力。擅长运用这种连锁紧扣方法，能极大地表现一个人的聪明才智。

有一次，一个英国记者对周恩来总理说："一个国家向外扩张是由于人口过多。"

周总理马上反驳道："我不赞同这种看法，英国的人口在第一次世界大战前是4500万，不算太多。但是，英国在一个很长的时期内曾经是'日不落'的殖民帝国。美国的面积略小于中国，而美国的人口还不及中国的1/3，但是美国的军事基地遍布全球，美国的海外驻军150万。中国人口虽多，但是没有一兵一卒驻在外国的领土上，更没有在外国建立军事基地。可见一个国家是否向外扩张，并不决定于它的人口多少，而决定于它的社会制度。"

面对周总理的驳论，那位英国记者只好放弃自己的观点。

连锁紧扣有两种表现形式：一是连锁分离式，即以一系列的环环相扣的条件命题为前提，通过肯定第一个条件命题的条件而得出肯定后一个条件命题后件的结论的论辩形式；二是连锁拒取式，即以一系列的环环相扣的条件命题为前提，通过否定后一个条件命题后件而得出否定第一个条件命题前件的论辩方式。

汉朝时，黄霸为颍川郡的郡守，他刚到任就有两个妇女为争夺一个小男孩吵着到官府告状来了。黄霸派人抱了那个孩子放在坪院中间，对两个妇女说："你们抢吧，谁抢着这个孩子，他就归谁。"

那两个妇女都没命地扑向孩子，一个抱着孩子的腰，一个抱着孩子的腿，果真抢了起来。孩子哪受得了这番折腾呢？于是就哇哇大哭起来。孩子一哭，一个妇女就松了手，也跟着哭了起来。

黄霸指着夺到孩子的妇女说："这孩子不是你的，你怎么赖人家的孩子？"她却分辩说："你明明说谁抢到了孩子，孩子就是谁的，我抢到了孩子，怎么又说不是我的呢？"

黄霸厉声喝道："如果这孩子真是你的，你是孩子的母亲，你就会心疼孩子；如果你心疼孩子，你就会怕孩子受伤；如果你怕孩子受伤，你就不会咬牙切齿地抢孩子而不撒手。现在你死命地拖抢孩子，可见这孩子不是你的！”

黄霸在与这一妇女的论辩中，使用了连锁拒取式，通过否定最后一个条件命题的后件“你死命地抢抱孩子”，得出否定第一个条件命题的前件的结论——“这孩子不是你的。”黄霸的论辩有着不容置疑的说服力。

直话直说，开门见山

当你面临非常困难的一种处境时，你的这句话怎么说，可能是致命的，也可能是保命的，就看你的口才了。这个时候，怎么说才能不陷自己于困境，同时又圆满地回答了对方的问题呢？这是你在社交中遇到的一个实质性的难题，也可能是你人生中的一次严峻考验。

诸葛亮的兄长诸葛瑾曾受命说服诸葛亮投奔东吴效力，在劝说时，诸葛瑾提到了兄弟之情，希望能打动诸葛亮。看看诸葛亮这时是怎么回答他哥哥的。

诸葛亮说：“我既然辅佐了刘备，就要以公事为重，然后才能顾及自己的私事。公事如果没有处理完毕，就不能谈到自己的私事，希望兄长能够原谅！”

在这里，诸葛亮就没有绕更多的弯，因为他面对的是自己的同胞兄长，没有绕弯的必要；同时，这样直话直说，也很明白地告诉了兄长自己的立场，让兄长彻底死了劝说自己转投东吴的那份心。

跟诸葛亮学说话

有些时候，在原则性问题面前，在大是大非面前，应当直话直说，容不得半点拐弯抹角，来不得半点折扣。

汉高祖刘邦知道韩信已被吕后杀掉，又高兴又怜惜，问吕后："韩信临死时说过什么话？"吕后说："他悔恨没有采纳蒯通的计策。"高祖说："这个蒯通是齐地的辩士。"于是，他就下令齐王逮捕蒯通。

蒯通被押到，高祖问他："是你教淮阴侯（韩信）谋反的吗？"蒯通回答说："是的，我一再地指教过他。那小子不用我的策略，所以使自己在这里遭到灭三族的大祸。假若那小子采纳了我的计策，陛下怎么能够抓住他而且灭他的族呢？！"高祖恼怒地说："烹了他！"蒯通说："唉，烹我冤枉啊！"高祖说："你教韩信反叛我，有什么冤枉的？"蒯通回答说："秦朝的法纪失效，山东大乱，异姓诸侯起义，英雄豪杰乌鹊般地汇集起来。盗跖的狗吠咬尧，尧并非不仁，狗照例要咬不是它主子的人。那时节，我唯独眼中有韩信，没有陛下呀。再说那时天下拥有精兵锐将想干陛下所干的事的人很多，他们没有如愿，只是因为力量不够罢了。这些人可以全部烹掉么？"高祖说："放了他。"于是免了蒯通的罪。

蒯通教韩信谋反的事，发生在垓下之战后，消灭了楚霸王项羽，韩信统兵攻占齐国七十余城，占领山东、河北大片土地。当时天下大局已定，汉家兵权大半掌握在韩信手中。应该说蒯通选择的时机是恰当的。然而，在封建社会中，并非任何一个人都可以成就一统天下的帝业的。韩信的犹豫不决就说明了这一点，而他的临终之言又险些葬送了一位谋士的性命。面对刘邦的责问，蒯通没有抵赖，不仅全部认账，还继续推论："韩信如果听了我的话，哪里会死在你的手里！"此论如火上浇油，以致刘邦要"烹他"，他大叹一声，直呼"冤枉"。刘邦反驳他，他就用十分坦率的直言进行自我辩护，"秦失其鹿，天下共逐之"，"当是之时，臣唯独知韩信，非知陛下也"，这是为什么要替韩信出谋划策的原因，也是无可否认的事实；"且天下精锐持锋欲为陛下所为者甚众，顾力不能耳，又可尽烹之耶"，说的是秦末的史实，并由此委婉地表达了受烹的冤枉。可以说站在历史主义立场上的蒯通，有恃无恐，理直气壮。从尊重历史的角度立论，自我辩护，蒯通逃脱了被烹的命运。

由此可见，直言辩护应选准恰当的角度来说服对方，方能收到好的效果。不要害怕针锋相对产生冲突，直面矛盾，方能妥善解决问题。

反客为主，占据主动

在某些场合，你可能会遇上这样的情形：那就是你为客方，但形势所逼你不得不成为主方才能占据主动，这时，你该怎么说话呢？也许有的人会强词夺理，认为咄咄逼人就是最好的原则，其实，这样做是极其错误的。你这样很容易给人留下外强中干的印象，这对你社交活动的影响是负面远远大于正面的。

那么，在这样的场合下如何说话才会反客为主呢？这也是口才学中的难点之一。

诸葛亮孤身一人出使东吴，在东吴的宫廷之上舌战群儒，其中有一段话是对东吴的名士薛综说的。

薛综问："（你认为）曹操是个什么样的人？"

诸葛亮说："曹操是汉朝的窃国奸贼，这是众所周知的事情，你又何必再问我？"

薛综说："你的话错了。汉朝传承至今，它的气数已尽。现在曹操已经拥有天下的三分之二，且（在他的治理下）人民都心甘情愿地归附于他。而刘备却不能够识别大势所趋，（拿自己微不足道的兵力）强行与曹操争夺天下，就如同拿一个鸡蛋去与石头相碰，又怎么能够不失败呢？"

诸葛亮厉声说道："你又怎么能够说出这样无父无君的荒谬话呢？每一个人生于天地间，应该以忠诚孝道作为立身活命的根本。你既然作为汉朝的臣子，如果看到有对汉朝不忠诚的人，就应该立誓去消灭他。曹操的家族世代都是拿着汉朝的俸禄，不去想怎么报效汉朝，反而怀着造反作乱的心思，这也是天下人都恨他的原因。你现在却说天数应验在他的身上，真是一个无父无君的人啊！我（这样的人）不愿意与你这样的人说话，请你不要再说（这样的无父无君的话）了！"

在这里，诸葛亮需要在极其不利的情况下扭转局势（一人对众人），进而扫清他最终说服孙权的障碍。形势逼使他不得不迅速解决战斗，在对方的地面上反客为主，占据主动，于是他采用了“厉声”（请注意，这里的“厉声”不是强词夺理，而是以雄辩为依靠的，这一点很重要）说话的方式。这是为了引起大家的注意，同时也是对对方可笑立场的一种坚决反击，表达了自己决不投降的态度，给东吴各位谋士一种强烈的震撼，让他们不得不反思自己的主张是否站得住脚。说话时能得到这样一种结果，这就是一种很大程度上的胜利！

跟诸葛亮学说话

反客为主的原意是：客人反过来成为主人，比喻变被动为主动。在两个人或一人对多人的辩论赛中，主辩者处于被动是赛场上非常常见的，一旦把握不好，往往就是他败北的先兆。辩论中的反客为主，通俗地说，就是在辩论中变被动为主动。这里仅以技法理论结合对实际辩例的分析，介绍几种反客为主的技巧。

（1）借力打力

武侠小说中有一招数叫“借力打力”，是说内力深厚的人，可以借对方攻击之力反击对方。这种方法也可以运用到辩论中来。例如，在一场关于“知难行易”的辩论中，有这么一个回合：

正方：对啊！那些人正是因为上了刑场死到临头才知道法律的威力、法律的尊严，可谓“知难”哪，对方辩友！（热烈掌声）

当对方以“知法容易守法难”的事实论证知易行难时，正方马上转而化之从“知法不易”的角度强化己方观点，给对方以有力的回击，扭转了被动局势。

这里，正方之所以能借反方的例证反治其身，是因为他有一系列并没有表现在口头上的、重新解释字词的理论作为坚强的后盾：辩题中的“知”，不仅仅是知道的“知”，更应该是建立在人类理性基础上的“知”；守法并不难，作为一个行为过程，杀人也不难，但是要懂得保持人的理性，克制内心滋生出的恶毒的杀人欲望却是很难。这样，正方借助“知难”和“行易”的攻击之力，有效地回击了反方，使反方构建在“知”和“行”浅表层面上的立论框架崩溃了。

（2）移花接木

剔除对方论据中存在缺陷的部分，换上于己方有利的观点或材料，往往可以收到“四两拨千斤”的奇效。这里把这一技法喻名为“移花接木”。例如在“知难行易”的辩论中曾出现过如下一幕：

反方：古人说“蜀道难，难于上青天”，是说蜀道难走，“走”就是“行”嘛！要是行不难，孙行者为什么不叫孙知者？

正方：孙大圣的小名是叫孙行者，可对方辩友知不知道，他的法名叫孙悟空，“悟”是不是“知”？

这是一个非常漂亮的“移花接木”的辩例。反方的例证看似有板有眼，实际上有些牵强附会。以“孙行者为什么不叫孙知者”为论据，虽然是一种近乎强词夺理的主动，但毕竟在气势上占据了上风。正方敏锐地发现了对方论据的片面性，果断地从“孙悟空”这一面着手，以“悟”就是“知”反诘对方，使对方提出的关于“孙大圣”的引证成为抱薪救火——最终惹火烧身。

（3）顺水推舟

表面上认同对方观点，顺应对方的逻辑进行推导，并在推导中根据己方需要，设置某些符合情理的障碍，使对方观点在所增设的条件下不能成立，或得出与对方观点截然相反的结论。例如，在“愚公应该移山还是应该搬家”的辩论中：

反方：……我们要请教对方辩友，愚公搬家解决了困难，保护了资源，节省了人力、财力，这究竟有什么不应该？

正方：愚公搬家不失为一种解决问题的好办法，可愚公所处的地方连门都难出去，家又怎么搬？……可见，搬家姑且可以考虑，也得在移完山之后再搬呀！

神话故事都是夸大其事以显其理的，其精要不在本身而在寓意，因而正方绝对不能让反方纠缠于就事论事上，否则，反方符合现代价值取向的“方法论”必占上风。从上面的辩词来看，反方的就事论事，理由充分，根基扎实；反看正方，先顺势肯定“搬家不失为一种解决问题的好办法”，继而根据“愚公所处的地方连门都难出去”这一条件，自然而然地导出“家又怎么搬”的难题，最后水到渠成，得出“先移山，后搬家”的结论。

（4）正本清源

所谓正本清源，本文取其比喻义而言，就是指出对方论据与论题的关联不紧或者背道而驰，从根本上矫正对方论据的立足点，把它拉入己方的“势力范围”，使其恰到好处地为己方观点服务。较之正向推理的“顺水推舟”法，这种技法是反其道而行之。例如，在“跳槽是否有利于人才发挥作用”的辩论中，有这样一节辩词：

正方：张勇，全国乒乓球锦标赛冠军就是从江苏跳槽到陕西，对方辩友还说他没有为陕西人民做出贡献，真叫人心寒啊！（掌声）

反方：请问到体工队可能是跳槽去的吗？这恰恰是我们这里提倡的合理

流动啊！（掌声）对方辩友戴着跳槽眼镜看问题，当然天下乌鸦一般黑，所有的流动都是跳槽了！（掌声）

正方以张勇为例，认为他从江苏到陕西后获得了更好的发展空间，这是事实。反方马上指出对方具体例证失误：张勇进入体工队，不可能是通过“跳槽”这种不规范的人才流动方式去的，而恰恰是在“公平、平等、竞争、择优”的原则下“合理流动”去的，可信度高，说服力强，震撼力大，收到了较为明显的效果。

反驳也要笑容满面

在与别人进行辩论时，常常要反驳对方的无理观点。虽然，反驳也不是一件难事，但是，难就难在要带着微笑反驳对方，并让对方心甘情愿地接受你的观点，这就不是一般人所能做到的。你需要掌握一定的口才技巧方可让对方心悦诚服地接受你的观点。

看看诸葛亮在东吴舌战群儒时，与东吴名士陆绩辩论的表现。

陆绩说：“曹操虽然是挟持着皇帝（假借他的名义）来命令其他的诸侯，但也是从前相国曹参的后代，而刘备虽然自己说是从前中山靖王的后代，却没有办法去证明这件事的真伪。（在未出名之前）只不过是一个编织草席贩卖草鞋的小生意人，他拿什么来与曹操抗衡呢？”

（见事态严重，对答稍有不慎会影响到自己主公的名誉）诸葛亮故意装作轻松地笑着说道：“你难道就是别人所说的在袁术所举行的宴会上怀中藏了柑橘的那个人吗？请你安坐，听我一句话：曹操既然（像你所说的那样）是曹相国的后代，那他的家庭世代都是汉朝的臣子。如今的曹操却要弄权术，欺负当今的汉朝皇帝，（他这样的人）不但是眼中没有皇帝，而且蔑视他的祖先（对汉朝的忠诚）；不仅仅是汉朝的乱臣贼子，还是他曹氏家族的共同敌人。（与他相比）刘备却是堂堂正正的皇帝的后代，当今的皇帝曾经按照皇帝的家谱来赐给他爵位，怎么能够说没有办法证明他是真正的皇室后代呢？况且，以前的汉高祖在未成为皇帝之前也只不过是一个小小的亭长，最后却得到了天下。以编织草席和贩卖草鞋为生，又怎么会认为是对自己的羞辱呢？你的看法只不过是小孩子的见解，不足以拿来与高明的贤士共同讨论大事！”

陆绩对刘备的出身提出质问，虽然这个问题并不关系到自身，但是却关系到主公的名誉，诸葛亮义不容辞地进行了辩驳。诸葛亮从对方的观点出发，拿对方的观点去驳对方的观点，他运用的是“搬起对方的石头砸对方的脚”的方法，使得陆绩无言以对。同时，他还是带着笑容去反驳对方的，让对方很容易地接受了他的观点，从而取得了辩论的最终胜利。这是一场完胜，无人可以替对方解围。

跟诸葛亮学说话

带着笑容反驳对方的本质在于在辩论时，要注意修养和风度，要以理服人，而不是像村妇吵架，其关键在于口才和智慧。有以下技巧可供学习和借鉴。

（1）偷换概念进行反驳

一位日本政治家在演讲时遭到当地某个妇女组织代表的指责：

“你作为一个政治家，应该考虑到国家的形象，可是听说你竟和两个女人发生过关系，这到底是怎么回事呢？”

顿时，所有在场的观众都屏气敛息，等着听这位政治家的桃色新闻。

政治家并没有感到窘迫难堪，而是十分轻松地说道：

“不止两个女人，现在我还和五个女人发生‘关系’。”这种直言不讳的回答，使代表和群众如堕雾里云中，迷惑不解。

然后，政治家继续说：

“这五位女士，在年轻时曾照顾我，现在她们都已老态龙钟，我当然要在经济上照顾她们，精神上安慰她们。这五位女士就是我的家人。”

结果，那位代表无言以对，而观众席中则掌声如雷。

这位政治家表面上甚至都没有反驳那位代表，他的高明之处在于“偷换概念”，把代表口中意指不正当男女关系的“发生关系”，偷换成他口中正当的报答和支持的。

一般情况下，人们在同一思维过程中，使用评议的内涵和外延都应该是确定的，要符合逻辑同一律，不能任意改变概念的范围。然而在某些特殊的场合，人们又可以利用言语本身的不确定性和模糊性来“偷换概念”，使对话双方话题中的某些概念的本质含义不尽相同，以求得特殊的效果。

（2）巧用反问进行反驳

有一位女作家写完了一部长篇小说，小说发表后引起轰动，一时成为最畅销的热门书。有个评论家曾向这位女作家求婚遭到拒绝，因而怀恨在心，经常在评论中旁敲侧击地贬低她。有一次文学界举行聚会，许多人当面向女作家表示祝贺，称赞其作品的成功。女作家一一表示感谢。忽然那位评论家拨开众人，挤到前面，大声向女作家问道："您这本书的确十分精彩，但不知道您能否透露一下，这本书究竟是谁替您写的？"

女作家还陶醉在众人的赞扬声中，没有防备会有人提出这样的问题。就在她一愣的刹那，人群中已有议论声传出。女作家立即清醒地估量了形势，意识到做问题以外的争吵于自己不利，她马上镇静下来，露出谦和的笑容，对评论家说道："您能这样公正恰当地评价我的作品，我感到十分荣幸，并向您表示由衷的感谢！但不知您能否告诉我，这本书是谁替您读的呢？"

评论家的刁难之意十分明显，而女作家虽然面带微笑，但其彬彬有礼的反问同样针锋相对，威力十足。这样的反问潜台词是说，你从来不认真读别人的作品，所做出的评论无非信口雌黄。连书都不读的人，有什么资格做评论？巧妙的反问，使评论家陷入了狼狈的境地。

（3）先顺着对方再反驳

英国著名剧作家萧伯纳的戏剧《武器与人》首演时，获得了极大的成功。他应观众的要求来到台前谢幕。这时，有一个人在楼座里高喊："这部戏简直糟透了！"

对于这种失礼的话，萧伯纳并没有怒气冲冲，他微笑着对那个人鞠躬，彬彬有礼地说道："我的朋友，我完全同意你的意见。"

他耸了耸肩，又指着正在热烈喝彩的观众说道："但是，我们俩反对这么多观众有什么用呢？"

观众中爆发出更为热烈的掌声。

萧伯纳面对失礼的问话，情绪平和，举止文雅，语言机智。他先顺着对方的话，同意其看法，然后，话锋一转，利用现场气氛，指出就算本人同意你的看法，也改变不了事实，巧妙地回击了对方，又不失水准。

（4）抓住对方的错误再反驳

有一次，德国大作家歌德走在一条乡间小路上，迎面走来一个傲慢的财主。而这条小路刚好只能供一个人通过。财主走到歌德跟前的时候，嚣张地对歌德说："我从来不给傻瓜让路！"

面对财主的无礼讽刺，歌德不紧不慢，微笑着鞠了一躬，说："而我正好相反！"

歌德非常礼貌地让到了路的一旁，让财主陷入了窘境。

歌德聪明地抓住了财主话中的逻辑错误。财主说"从不给傻瓜让路"，其潜在的逻辑就是不给傻瓜让路，歌德则将错就错地反用他的荒谬逻辑，变成了给傻瓜让路，让财主自取其辱。

生活中，当有人攻击你的时候，只要你不乱方寸，认真分析，往往就能发现其话语中的错误，然后再顺着或者反用这个错误思维来反驳对方。

不妨揭对手的短

在社会交往中，轻易不要揭对手的短处，俗话说得好，"打人不打脸，揭人不揭短"。可是，如果碰上一个不讲"职业道德"的对手，或拿你的短处大做文章，或者咄咄逼人不愿轻易放过你，甚至要把你往"绝路"上逼时，你该怎么办？是文质彬彬，做一个绅士，任凭对方把你逼入绝境，还是奋起反击，向对手发起攻击呢？这个选择可是非常检验你的应变力的。

诸葛亮在只身前往东吴舌战群儒中，对付东吴的首席谋士张昭时有一番精彩的辩论。

张昭说："如果像你说的那样，那就是先生你所说的话和你的行为相违背了。先生竟然拿自己与管仲、乐毅相比，其中的管仲为齐桓公当丞相，辅佐齐桓公称霸诸侯，把天下几乎变成了齐国一个国家；其中的乐毅辅佐势力很微小的燕国，攻下齐国七十多座城池。这样的两个人，都是真正改变世界的有才之士。先生你（过去）隐居在草庐之中，仅仅只是淡看人世间的事情，抱着膝坐在那里（与朋友谈天说笑）而已。现在你出来协助刘备，就应该为广大老百姓兴利除害，把那些造反作乱的贼人消灭干净。况且刘备在没有得到你的辅佐之前，尚且在四海纵横驰骋，占据一些城池作为自己的根据地；现在得到你以后，人们都在观望（你能辅佐刘备做出一些什么样的功绩）。即使是刚刚会走路的小孩，都说（刘备得到你）好像老虎得到了会飞的翅膀，即将看到汉朝复兴，曹操将要被你们消灭了。汉朝的一些老臣，（因为战乱）隐居在高山深林里的一些隐士，也都在拭目以待……"

诸葛亮听完这些话，默然地笑了起来："大鹏一飞就是万里之遥，它的志向怎么会是群鸟所能知道的呢？比如说一个人得了重病，应当先拿煮烂的米粥来喂，辅助药一起服下；等到病人的内脏在调养后恢复，外形和身体都安康以后，然后再让他进食肉类以补充他的体能，再给他以效力迅猛的药，只有这样，才能把他的病根都一下子去除，这个病才能得到完全的治疗。如果不等到他的身体有一定的恢复，就给他开出一剂效力迅猛的药，想以此来保住他的生命，其结果却是很难达到目的的。我的主公刘备，过去曾经战败在汝南，把身家性命托付于刘表，所带领的兵员只不过一千多人，大将仅仅只是关羽、张飞和赵云而已。这就好比一个病人得病之后身体极其虚弱的时候。新野只不过是山边一个小小的县城，人口稀少，粮食物资奇缺，主公只不过是暂时借它来休养生息一段日子，怎么会把这里作为长期的根据地呢？况且在兵力不够、训练不够完整、粮食只能支持数天的情况下，（主公）在博望坡火烧敌军的营寨，在白河用水来攻击敌军的部队，使当时带兵来攻打的人心惊胆战。我私下里认为即使是管仲和乐毅来带兵打仗，也并不一定能得到这样的战果。至于刘琮投降曹操，我的主公刘备实在是因为不知道（才让他把祖宗的基业拱手送给了曹操），况且又不忍心去抢夺同门兄弟的基业，这才是真正的大仁大义。在当阳之所以战败，是因为主公看到有数十万忠于刘氏的百姓，扶着老的带着小的跟随主公逃难而不愿投降曹操，不忍心丢弃他们不管，于是一天只能走数十里路，不去考虑快速行进到江陵以确保安全，而甘心与百姓一起同赴苦难，这也是真正的大仁大义。本来少数的兵力就很难战胜处于优势的兵力，对于一个带兵的将军来说，胜利和失败都是经常的事情。过去汉高祖刘邦也曾数次败于项羽，但在垓下一战中却取得了最终的胜利，这难道不是韩信的好计策吗？韩信曾经协助高皇帝，很少有连续的胜利（然而却取得了最终的胜利）。凡是关于国家大计和安危的事情，应该依赖一个长期的谋划（而不应时时变化）。一个贤良的谋士并不一定要像那些虚夸的谋士，只是依靠虚假的名誉来欺骗世人，平时商议大事，与他人辩驳，没有人能够比得上他；然而一旦遇到危难的时候需要他应变，就没有一点能耐了。这样的人只不过白白被世人笑话而已！”

当诸葛亮到东吴以后，首先遭遇的就是东吴的首席谋士张昭。诸葛亮深知对方在孙权阵营中的地位，东吴众谋士都看他的脸色行事，一旦把他驳倒，那就是成功了一半。于是，诸葛亮在与张昭辩论时，丝毫没有给对方留面子，而是以彻底地驳倒为最终目的。在具体辩论时，诸葛亮就采用了揭对手短处的方法，先滔滔不绝地讲了一大通比喻，以解释己方的处境及目的，然后突然话锋一转，把张昭的致命短处——“虚夸，只会与人辩驳，实际谈到治国才能时，却无一策可用”给揭了出来，使张昭再无颜面与自己辩论，从而顺利地达到了自己的目的。

跟诸葛亮学说话

当对方不顾你的感受，言语尖刻地冒犯你，甚至把你逼入无路可退的窘境时，你大可运用“来而不往非礼也”的策略，抓住他的痛处大打出手。

中国有句俗话：你不仁，我不义。既然他讽刺起你来不留情面，那你何必要为他护短呢？往他的短处、痛处狠戳一下，不是更能收到教育他的效果吗？因此碰上对方飞扬跋扈、胡言乱语时，你千万不要只想着“和为贵”，你有义务帮助他认清他自己。

萧伯纳有一次在公园散步，一个大腹便便的富商走到他跟前，故作惊人之语：“呀，萧伯纳先生，我一看到你，立刻就想到世界上还有地区闹饥荒。哈哈哈！”

萧伯纳也哈哈大笑：“是呀是呀，我一看到你，立刻就明白了闹饥荒的原因。”

那个富商本想讥讽一下萧伯纳的枯瘦，不料却被萧伯纳反戳着了痛处——寄食成性。

这一招虽然厉害，但却往往对对方造成伤害，有时甚至会激怒对方，进而伤害双方的关系。因此，这一招不到万不得已时，不要轻易使用，即使一定要使用，也一定要谨慎。

巧说“歪话”，智对诡辩

要想提高你的口才，就要把话说得灵活些。比如说，适当时你可以说一些“歪话”（相对正话而言），可以起到一些正儿八经的话所不能起到的作用。但是，有一个问题是，既然是歪话，那就比正话难说，如果说得不好，就会起到相反的作用。这里面的度如何把握，显然是一个大问题。

不过，我们可以向诸葛亮借点智慧。

在赤壁之战的前夕，周瑜为了了解诸将与谋士们的立场，假装自己也同意投降的主张，而鲁肃却不明白这是周瑜的计策，憨厚老实的鲁肃与周瑜争辩，而诸葛亮只是在一旁袖手旁观，并且不时地在冷笑，周瑜问道：“先生为什么只是在那里（不说话）冷笑呢？”诸葛亮说：“周瑜的主意是投降曹操，其实是非常合乎常理的。”周瑜说：“诸葛亮是非常善识时务的人，他必然与我有同样的想法。”鲁肃问道：“诸葛亮，你为什么也会这样说（打算投降曹操）？”诸葛亮回答：“曹操非常善于用兵打仗，放眼天下，没有人能够抵挡住他的进攻。过去只有袁绍、袁术、吕布、刘表与他是互相为敌，如今这几个人都先后被曹操所消灭，天下已经没有人（能够抵挡曹操）了。只有刘备是一个不识时务的人，强行与他争夺天下，如今孤单地躲避在江夏，是生存下去还是被曹操消灭，这还是个未知数。周瑜将军如果投降曹操的话，还可以保护他的妻子和孩子，更可以保住他的富贵荣华和地位。至于国家的命运如何，都交给老天去决定，（对于周将军个人来说）又有什么可惜的呢？”鲁肃勃然大怒地说道：“你难道要叫我的主公弯下身子去奸贼那里遭受污辱吗？”……

本来，诸葛亮深知周瑜使的是计，然而他并不说破，反而在一旁顺水推舟，推波助澜，假装赞同周瑜的主张。这是诸葛亮为了维护周瑜的面子而特意为之。如果诸葛亮一语道破周瑜的秘密，那样做的后果只能使气量狭小的周瑜更早地恨上诸葛亮，从而在其日后的外交活动中处处施阻力。诸葛亮本来到东吴就是孤身一人，如果再加上周瑜这样一个强劲的敌手，那么他的东吴之行究竟是成是败，那还很难说，毕竟孙权当时唯知“内事不决可问张昭，外事不决可问周瑜”，可见周瑜地位的重要。于是，诸葛亮索性正话歪说，帮助周瑜撒谎，从而赢得对方的好感，在日后的外交活动中为自己增添了一个朋友而不是对手（至少在赤壁之战中是朋友）。

跟诸葛亮学说话

在有些场合，不一定要把话按照原来的意思说，换一种说法，就是说话可以正说，也可以“歪”说，尤其是在面对一些人的诡辩时，更不能用正常的说法来回答。

（1）“歪”话正解

著名的风流才子唐伯虎，以智辩著称。

有一次，一个财主请他为其写一个中堂（正屋当中悬挂的大幅字画）。唐伯虎并未推辞，提起笔一挥而就。财主一看，鼻子都气歪了。原来唐伯虎写的是“父死子死全家死”。财主全家都陡然变色，财主本人更是怒不可遏，他一把抓住唐伯虎，咆哮起来：“我哪一点对不住你，你竟用这么恶毒的话咒我全家？”

唐伯虎一点也不着急，他说：“员外，你弄错了，这是很好的祝福词，怎么说是咒语呢？你想，一个家族的人如果是按着这个顺序，父亲死了儿子死，儿子死了孙子死，那说明家里没有横死暴死的，每一代人都无祸无灾，个个都寿终正寝。这样的家庭能不幸福吗？可如果不依这个顺序，儿子死在父亲前面，孙子死在儿子前面，那将是多么悲哀和不幸！谁愿意他家出现那种情况呢？”

财主听了，这道理倒是对极了，只得赔罪，把唐伯虎恭恭敬敬地送走。不过，他看着这六个字有三个死字，心里总是不太舒服，也不愿张挂出来向人炫耀了。

（2）随机诡辩

如果对方提出一些荒诞奇怪的问题，若是以通常的办法回答是难以奏效的。此刻，辩者可以将对方的话作为背景，采用同样奇怪的语言来回答，以怪制怪，以歪对歪，这就是随机诡辩，也可以说是一种怪问怪答的方法。对于论敌的怪问，应根据问话内容而随机应变，以诡对诡，不必拘泥于常理，只要能自圆其说就可以了。

美国有一家服饰公司，为了招揽生意，特意给海明威送去一条领带，并附短信云：“我公司出品的领带深受顾客欢迎。现奉上领带一条，请您试用，并望寄回成本费2元。”

几天之后，公司收到海明威的回信：“内附小说一册，请你们一读。此书价值2元8角，也就是说，你们还欠我8角钱。”

在人际关系中，随机应变的歪话技巧的确是一种改善或提高交往效率的有效方法，而将错就错又是一种反问思维，因此它又被称为反问思维技巧，即将自己的真实意图隐蔽起来，通过以其错而就其错的智谋技巧，来达到证明正确论点的目的。

避免无谓的争辩

当你遇到他人的刁难时，并不是每一个都要针锋相对，奋力还击，而是要有选择性地为自己进行必需的辩护。倘若是一些很小的分歧，或者对方本无恶意，你就不必去做无谓的争辩，误人误己，对于双方都会造成不必要的损失。

诸葛亮讨伐南方少数民族的时候，因为赵云与魏延的年龄有些大了，于是就对他们两个加以照顾。然而赵云、魏延见诸葛亮不派遣他们，都很不高兴，质问诸葛亮为什么不派遣他们任务。面对这样的质问，诸葛亮并没有争辩，而是说：“我并不是不用你们两个，只是因为你们两个年纪大了，再去从事这么冒险的任务，如果被蛮人算计，就打击了我军的锐气。”

赵云说：“如果我们认识地形，熟悉道路，那又怎么样呢？”

诸葛亮说：“你们两个人要小心行事，不要轻举妄动……”

面对自己的部下积极地请求任务时，诸葛亮没有打击他们的积极性，只能小心谨慎地解释自己的理由。当看到他们一再坚持的时候，诸葛亮就退让了一步，同意派遣给他们任务，但要求他们要小心谨慎。这里，诸葛亮就避免了一场无谓的争辩，很好地安抚了两位大将。如果诸葛亮继续坚持下去的话，局面很可能就会尴尬，那是双方都不愿意看到的。

跟诸葛亮学说话

每个人都会遇到不同于自己的人，大至思想、观念、为人行事之道，小至对某人、某事的看法与评判。这些程度不同的差异可能会转化成人与人之间的争执与辩论，任何独立的、有主见的人都应正视这个问题。

留心我们的周围，争辩几乎无所不在。一场电影、一部小说能引起争辩，一个特殊事件、某个社会问题能引起争辩，甚至某人的发式与装饰也能引起争辩。但是争辩留给我们的印象往往是不愉快的，因为争辩的目标指向很明白：每一方都以对方为“敌”，试图将自己的观念强加于别人，然后获得口头上的胜利。

所以，争辩不但在个人与个人之间产生，而且产生于团体之间，像辩论会似的。比方说：由于最近发生的某个社会问题而引起两者间争论，最后，虽然你用某种事实或理论来证明你的意见是正确的。你通过争辩的手段达到了胜利的目的，使他哑口无言，但你却万万不可忽略了这一点，他不一定就放弃他的思想来信奉你的主张，因为，他在心里所感觉到的，已经不是谁对与谁错的问题，而是对你驳倒他怀恨在心，因为你使他的颜面扫地了。

这样看来，你虽然得到了口头的胜利，但和那位朋友的友情，却从此一刀两断。比较之下，你会不会觉得，当初真是有欠考虑，仅仅为了口头的胜利，而得罪了一个朋友——如果那位朋友一旦为人小气，说不定他日后会伺机报复呢！

有些人在和朋友翻脸之后，明知大错已铸成，也故作不后悔状，还经常这样认为："这样的朋友不要也罢。"其实这样对你又能有什么好处呢？而坏处却很快可以看到，因为和别人结上怨仇，你就在少了一位朋友的同时，又多了一位"敌人"。

这种现象我们应该尽一切可能去避免。

基于上述理由，当一场唇枪舌剑的争辩到来之前，你必须首先冷静地思考一番，弄清楚以下几个事项：

一是这次争辩有意义么？如果是一些根本就无关紧要的小事情，你还是避免争论为妙。

二是这次争辩的欲望是基于理智还是感情上（虚荣心或表现欲等）？如果是后者，则不必争论下去了。

三是对方对自己是否有成见？如果是的话，这样岂不是雪上加霜？

四是自己在这次争论当中究竟可以得到什么？究竟又可以证明自己的什么？

一位心理学家曾经说过："人们只在不关痛痒的小事情上才'无伤大雅'地认错。"这句话虽然不胜幽默，但却是事实。由此也可以证明：愿意承认错误的人是少的——这就是人的本性。

现在就让我们姑且认为这次争论是一次积极争论，也就是说，它值得我们去争论。但是在这过程中，我们仍需时时把握住自己。因为在争论中最容易犯的毛病，就是常常自己认为自己的观点才是世界上最正确的，只顾阐述自己的观点，而忽略了要耐心诚意地去听取别人的意见。

这就往往可以使善意的争论变成有针对性的争论。需要强调一下，这种现象是很危险的，也很常见。因为即使最善意的争论，也是由于双方的观点有分歧引起的，所以，在一开始，双方就是站在对立的立场上，对于对方的论点，根本就不加以分析，而一味地表述自己的看法。

如此一来，争论过程中就难免情绪激动、面红耳赤，甚至去翻对方的陈年老账。所以，当双方都各执己见，观点无法统一的时候，你应当控制情绪，把握自己，把不同的看法先搁下来，等到双方较冷静时再辨明真伪。也许，等到你们平静的时候，说不定会相顾大笑双方各自的失态呢。

而当你胜利的时候，你也应该表现出自己的大将风度，不应该计较刚才对方对你的态度。争辩是一回事，而交情又是一回事，切切不可混为一谈。当他向你认错的时候，也万万不该再逼下去，以免对方恼羞成怒。

争辩结束后，你也应该顾及对方的面子，可以给对方一支烟或是一杯茶，或者要求他帮一点小忙，这样往往可以令他恢复愉快的心理。

这才是真正的为人之道。

第二章

劝术

——烂泥巴也要糊上墙

把“我的”变成“我们的”

说服别人的难点之一在于让对方心服口服。通常人们会认为做到这一点很难，这也是很多人在社交活动中的瓶颈之一。如果不突破这一个瓶颈，你要想在社交活动中获得更多的朋友，想必也是很难的。

在诸葛亮到达东吴数天之后，为了彻底了解诸葛亮的实底，孙权请诸葛亮一起赴宴，以探听诸葛亮内心的真实想法。

喝过数杯酒之后，孙权开了金口：“曹操一生所恨的人，只有吕布、刘表、袁绍、袁术、刘备和我。现在其他几个人都先后被曹操所灭，剩下的只有我和刘备了。我不能够拿整个吴国的兵力和物资去受制于别人。我的主意已定，除了刘备，再没有人能够抵挡曹操了，然而刘备刚刚败在曹操的手里，谁还能够代替他来抵挡曹操呢？”

诸葛亮说道：“虽然刘备刚刚战败，然而关羽还率领着精良的部队一万多人；公子所率领的江夏战士也不少于万人。曹操所率领的部队，由于从远方而来，是非常疲惫的。近来在追杀刘备的时候，轻装的骑兵一夜就要行军三百里，这就是人们所说的强弩之末，其势不能穿鲁缟也。况且（曹操的士兵）大部分是北方人，不习惯打水战。在荆州归附曹操的士兵，只是迫于形势而已，并不是真心地投降他。现在将军你如果能与刘备真心实意地同心协力，一定会战胜曹操的。曹操的部队一旦打了败仗，势必要退回到北方他们的根据地，（经此一战）荆州（刘备）和吴国的势力必然变强大，与曹操像鼎的三足一样互相对峙的局面就会形成。成败的大好机会，就在今日。希望将军你能好好地决断一下。”

孙权非常高兴地说道：“先生你所说的一番话，就好像把一个瓶子拔开了塞子一样（打消了我的疑惑）。我的主意已经彻底定下，不再有什么怀疑了。就在这几天商量协同出兵的事，一起去打败曹操！”

在孙权面前，诸葛亮已经没有必要再与对方玩心机，在这个重要的时候，能够开诚布公，详细说明自己的主张是一个最好的机会，诸葛亮没有放过这个机会。他通过一番详细的分析，同时很自然地把刘备作为孙权的盟友，使孙权知道除了自己的力量之外，尚有另外一支部队可以助自己共抗曹操。于是，孙权很快打消了顾虑，同意与刘备联合，共抗曹操。这也是诸葛亮外交活动的一个重大胜利。

跟诸葛亮学说话

说服他人，如果不是为了自己，而是为对方着想，那么你会发现，说服别人就会变得很容易。但几乎所有的人都会忘掉这个最基本的道理。所以当你准备说服某人时，必须明白并确定这究竟是为了谁。成功的劝说，是建立在为对方利益着想的基础上的，这一点万万不可忘记。

（1）掌握要点和难点

大部分人都希望能巧妙地说服他人，但能掌握“要点”的人却非常少，想不费吹灰之力就说服对方是不可能的。必须总结自己的意见，表明自己最低限度的要求。若抓不住意见的要点，“该说”的话表达就不够明确，不但无法说服对方，还会遭到对方的反击。

另外，说服他人时，不要有胆怯心理，不要去想“我真的能顺利说服对方吗”或“万一遭到拒绝怎么办”，甚至认为“对方说得也有道理”等。如果你不够坚定，就无法想出“如何说服对方”的手段和方法。所以说服他人前先检查谈论的内容是否恰当，这样说服才能事半功倍。

（2）和对方坐到一条板凳上

如果你在说话中，不管听者的情绪或反应如何，只是一个劲地提到我如何如何，那么必然会引起对方的反感。因此，可以多说“我们”，这对你并不会有任何损失，只会更容易获得对方的好感，使你同别人的友谊进一步地加深。

我们经常可以看到记者这样采访：“请问我们这项工作……”或者“请问我们厂……”经常发现演讲者多使用“我们是否应该这样”“让我们……”等类似表达方式。事实上，这样说话往往能使对方觉得和你的距离接近，听来和缓亲切。因为“我们”这个词，也就是要表现“你也参与其中”的意思，所以会令对方心中产生一种参与意识。

人的心理是十分微妙的，同样是与人交谈，但有的说话方式会令对方反感，有的说话方式却会令对方不由自主地产生妥协之心、亲近之情。如演讲时说“你们必须深入了解这个问题”，便增加了听众与演讲者的距离，使得听众无法与你产生共鸣。如果改为“我们最好能再做更深一层的讨论”就会缩短与听众之间的距离，使气氛立刻活跃起来，达到共鸣的效果。因此，若想说服别人，不妨多使用“我们”的表达方式。

（3）一个意思两种说法

在劝说的过程中，你不可避免地要用到批评的手段。即使这样，你也不要直率地说“你错了”或者“你这样太不应该了”等等之类的话，而要“反话曲说”，具体可采用以下三种技巧：

①改否定式为疑问式。

“你这样做是不对的”，这是否定句；而“你这样做对吗”，这是疑问句。很显然，否定句式消极作用大，而疑问句式容易让对方反省一番。

②把批评者由第一人称改为第三人称。

“我认为你不对”，这是用第一人称表述；“大家都认为你不对”，这是通过第三人称表述。这一改动，缓和了批评者和对方的直接冲突，但被批评者的压力却反而增大了，他不能不考虑“大家”的看法。

③改批评为自我批评。

以同样的错误进行自我批评等于是现身说法。讲的虽然是一样的事、一样的道理，言语即使激烈一些，但换一种方式对方听起来不会感到刺耳。

说服的策略要因人而异

对不同的人要说不同的话，这是每个人都知道的说话原则，可是，有许多人无法做到。因为，他们的口才有限，心里怎么想，嘴里却无法顺着心意走，从而出现失误，有时甚至是自断生路。这也是很多人在社交场合失败的重要原因之一。

诸葛亮在说服孙权的时候用的是激术，在说服周瑜的时候用的却是另一种完全不同的方法，那就是以谬对谬。

诸葛亮说："我有一个计策：并不需要给曹操奉送礼品，双手捧上自己的印绶以奉上自己的国土；也不需要你们的主公亲自渡过长江去投降，只需要派遣两个人到曹操那里，就是曹操的百万大军，也会卸下盔甲卷起他们的旗帜退兵回家。"

周瑜问道："用哪两个人（有如此神奇的功效），就可以让曹操退去百万大军？"

诸葛亮说："江东少了这两个人，就如同一棵大树少了一片叶子，国家的粮仓里少了一颗米一样。然而如果曹操得到了这两个人，就会非常高兴和满意地退兵而回到北方。"

周瑜又问道："究竟是用哪两个人？"

诸葛亮说："我过去在隆中隐居时，就听说曹操在漳河新建造了一座高台，起名叫铜雀台，造得极为华美壮丽。大选天下的美女居住在台中以使里面不显得空虚。曹操本来就是一个好色之徒，很早就听说江东乔公有两个女儿，一个叫大乔，一个叫小乔，有传说中的沉鱼落雁之容，闭月羞花之貌。曹操曾经发下誓愿说，我平生有两个愿望：一个就是统一天下，以成就帝王的业绩；另一个愿望就是得到江东的二乔，把她们安置在铜雀台中，让她们为我的晚年增添一些乐趣。如果能达到这个目的，就算是立刻让我死去，我也没有什么怨言。现在表面上看来他带领百万大军，对江南虎视眈眈（是为了攻下江南），实际内心里就是为了得到江东的二乔。周将军你为什么不去寻找乔公，用重金（钱少了肯定不会卖的）把乔公的两个女儿买下，派人送给曹操，曹操如果得到这两个女人，就一定会班师回国而不再对江东动兵。

这是从前越国的范蠡向吴国献西施的计策，你为什么不赶快这样做（以避免遭受战祸）呢？”

周瑜问：“曹操这么想得到这两个女人，你有什么可以证明呢？”

诸葛亮说：“曹操的小儿子曹植，字子建，很有文采，下笔就能写成文章。曹操曾经让他做了一篇文章，名字就叫作‘铜雀台赋’，文章中所透露出的曹操的心意，就是说他们家族应当成为天子，并且发誓得到二乔。”

周瑜问：“这篇文章，你能够记住一些内容吗？”

诸葛亮答：“我喜欢它的文辞华美，曾经私下里背诵过。”

周瑜说：“请你试着背诵一下。”

诸葛亮马上就把整篇《铜雀台赋》背诵了出来：“……揽二乔于东南兮，乐朝夕之与共……”周瑜听完，勃然大怒道：“曹操这个奸贼欺负我太过分了！”诸葛亮急忙起身制止他道：“过去北方少数民族多次侵略汉朝的边界，汉朝的皇帝为了保全国家，就曾许配自己的女儿去和他们的首领成亲。现在为什么又要为这两个民间的女子发这么大的怒火呢？”

周瑜说：“有一些情况你是不知道的，不能怪你。大乔是（我的主公）孙权将军的哥哥孙策将军的夫人，小乔就是我的夫人（这两个人怎么能够白白送给曹操，传出去要丢大人了）。”诸葛亮假装很害怕（说错了话）的样子：“我实在是不知道，一时不检点，就说了出来（其实他怎么会不知道呢），实在是死罪啊！”

周瑜道：“我接受孙策将军的遗命来辅佐孙权（治理国家），怎么可能让我的主公屈身投降曹操呢？刚才所说的话，只不过是试探一下你内心里的真正想法罢了。我放下鄱阳湖的军务赶来的时候，就已经下定了作战的决心，即使是把刀剑架在我的脖子上，也不会改变我的志向！希望你能够助我一臂之力，共同打败曹操这个国家的奸贼！”

诸葛亮说：“只要你不认为我的才能不足以帮助你，我愿意为你效犬马之劳，一起商量怎么起兵的事情。”周瑜道：“等到明天我见了主公（领了起兵的命令）之后，就一起商量起兵抗敌的大事。”

在劝服周瑜下决心抗击曹操的时候，诸葛亮是下了一番心思的。

周瑜很自负，又在抗击曹操这件事情上持观望态度（因为他知道单凭东吴的实力不足以战败曹操），这给诸葛亮增加了说服他的难度。只有先说服周瑜下定决心，才能进而影响到孙权的决心。如果对周瑜的说服工作没有做好，去说服孙权那就是遥遥无期的事情。于是，诸葛亮下了一剂“猛药”——利用谬论来诱使周瑜上自己的当。事实上，诸葛亮也做到了，周瑜这道难关被他顺利地攻了下来。

跟诸葛亮学说话

想要影响他人的决定，需要你在事前了解对方的基本态度，然后采取因人而异的表述方法，使对方的立场更加坚定，或使对方的立场得以改变。

在世界反法西斯联盟的反攻下，意大利、德国相继战败投降，二战已进入尾声，然而，日本帝国主义仍在太平洋地区负隅顽抗。

当时美国军方担心军队士兵会因为德国投降放松斗志，而幻想战争很快结束。如果是这样的话，不但士气减弱，导致战争时间延长，而且在客观上还帮助了日寇的苟延残喘。所以，必须要坚定士兵们的斗志，使他们相信抗日战争还要持续很长一段时间，并且这一时期的战斗也很艰苦。

于是，社会心理学家向美国军方递交了两份宣传材料。一份材料的内容是单方面的，只强调日寇人多势众，而且他们所谓的武士道精神已经走火入魔，加上他们又控制了许多被侵略地区的资源，所以战争不可能很快结束，大概还要持续两年。而另一份宣传材料则不但介绍了日寇垂死挣扎的一面，同时也强调了盟军反法西斯的斗志也日益高涨，交战下去，所花费的期限大概也就是两年。

把这两份材料分别向两部分士兵宣传，结果社会心理学家发现，原本就认为战争不会很快结束的士兵，也就是说，原来立场跟说服者一致的对象，单方面的宣传更能坚定他固有的立场；而原来以为战争很快结束的士兵，也就是说，立场跟说服者相反的对象，告诉他们敌我双方面的情况，更使他们觉得可信，从而自觉转换原本立场。

对上面这个故事，你只要稍做研究，就不难得出这样的结论：

如果被说服的对象原来所持的意见跟你相同或大致相同，那么单方面强调那些有利于你观点的证据，可以使他更加坚定与你保持一致；如果被说服对象原来的想法跟你截然相反或是左右摇摆，那么从两方面列举出支持你观点的说服方法，将更有利于对方改变原来的想法而跟你“英雄所见略同”。

让对方变被动接受为主动反思

说服人的最理想办法是让对方主动接受，然而对于一个拥有自己的思维的个体来说，这是很不容易的一件事。但是，既然是说服对方，那就要让对方心甘情愿地接受你的观点，而不是被动地接受。如果你能够在说服的过程中，加以适当的技巧，让对方变被动接受为主动反思，潜移默化地把说服话语转变成他自己的想法，这样就会使说服过程变得容易得多。

当周瑜在军中逝去以后，周瑜的部将都很想杀死诸葛亮，因为他们都认为是诸葛亮气死了他们的都督。就在这个时候，诸葛亮提出去祭奠周瑜，以便平息众吴将的怨气，同时再去江南发现人才，为刘备效力。

当诸葛亮到了周瑜灵堂的时候，周瑜的部下都想动手杀诸葛亮（替周瑜报仇），但是看见赵云佩戴着剑站在一旁，又都不敢贸然下手。诸葛亮在周瑜的灵前读祭文：呜呼公瑾，不幸夭亡！……从此天下更无知音！呜呼痛哉！伏维尚飨。诸葛亮读完以后，伏在地上放声大哭，眼泪流得就好像泉水一样，表现得十分悲痛。周瑜的部将互相说道："人们都说诸葛亮和周瑜不和，现在从诸葛亮祭奠周瑜的表现来看，旁人说的都是假的（眼见为实，实际看到的还是假的）。"鲁肃见诸葛亮如此伤心，也颇有同感，自己私下里认为："诸葛亮还是很讲情义的，周瑜之死只是因为他自己气量窄小，是自己寻死（怨不得诸葛亮）。"

诸葛亮这一招看似行险，只身赴吴营，又是在周瑜刚逝世的敏感时期，其实不然。因为诸葛亮敢这么做，他有一项仗恃，那就是自己的口才。诸葛亮对于自己的说服本领是相当自信的。如他所说："周瑜在的时候我都不怕，如今周瑜已经死了，我还怕什么？"顽固如周瑜者，都曾被诸葛亮说服过，何况那些普通将军呢？事实也确实如此。诸葛亮的一篇祭文读下来，显得情真意切，连那些东吴的将军们都开始反思："周瑜之死是怨他自己，而非诸葛亮的原因。"

跟诸葛亮学说话

密苏里州一家大的电子产品制造公司的副经理凯利·瑞安说："我发现让一个人改变他的工作方法或者工作程序的最好方法，是让这个人认为这一切都是他自己想出来的。我让他对这种改变负有全部责任，我表彰他的主观能动性和预见性，他也相信那全都是他第一个想到的。这样对我们双方都有好处，他会感到自己的工作更重要、更安全，而生产效率也得到提高，这是我所期望的。就拿我们的生产监督员来说吧，上星期五我对他说：'杰克，我认为如果我们把3号切割机搬到那边去，然后再加两个电动卷绕站的话，我们的生产速度还能提高。我想听听你是怎么考虑的。'一天后，他来到我的办公室说：'凯利，这个周末我有一个最好的主意，如果我们把3号切割机搬到这里，然后再加两个电动卷绕站，我们在组装线上就能少走不少冤枉路，这样我们的生产效率能提高5%~10%。我们不妨试试看。'那正是我想让他发生的变化，这种方法要比告诉一个雇员去做什么要好得多。人们都不喜欢被人家告诉怎样去做他们的工作，他们喜欢按照自己的方法做事。这种建议的方法每次都非常见效，每次我都如愿以偿。雇员由于提出了新方法而受到嘉奖，这样，我们双方都感到很愉快。"

对于这种方法只有一个特殊的要求：时间和耐性。要慢慢地去做，切勿急躁。让他人花费一定的时间去理解和消化你的思想，让它一点一点变成他自己的思想。切记：你的工作是播种，让他去收割，给他生根发芽的机会。你这样做了，会得到巨大的好处。

口才专家总结了许多让别人主动接受说服的秘诀，有些是很值得借鉴的，主要有以下几点：

（1）以事喻理

道理的“理”性越强，越要注意让事实说话、佐证，否则就会因教育对象缺乏感性体验，影响对“理”的消化、理解和吸收。用事实充实大道理，还可以避免说大话、空话，联系实际把道理讲实。现在一些大道理之所以让人难于接受，主要就在于讲得虚。

（2）以小见大

思想是有差别、有层次的，讲道理也应有层次。缺少层次，一下子跨越几个台阶，会让人感到道理离得很远，接受不了。讲者应擅长于在小事情中寓含着大道理，于身边事情中讲可望及的远道理，于浅表事情中挖掘可触摸的深道理。

（3）反诘设问

把大道理分解成若干个问题，用问话提出。一则引发兴趣，启发大家共同思考；一则用以创造一种平等和谐的气氛，使人觉得不是在灌输大道理，而是在共同探讨问题。这种方法，变听为想，变被动接受为主动反思，在抛砖引玉、换位思考中，让“系铃”人自己“解铃”。

（4）迂回引导

如果一时讲不通，不妨搞些“旁敲侧击”。讲好大道理很重要的一点是要学会抽丝剥茧，逐步引导，层层深入，最后“图穷匕见”，将大家的思想统一和升华到一个新高度。有时也可借题发挥，讲出“醉翁之意不在酒”的道理。这样可以避免把讲道理变成简单的演绎论证，使教育对象易于接受。

（5）理在情中

有时讲大道理，教育对象并非对道理本身不接受，而是与讲道理的人感情上合不来。这时讲道理的人要善于联络感情，要注意反省自己有无令对方反感的地方，及时克服和纠正。尤其当对方抵触反感情绪较大时，首先要以诚相待，要在理解、尊重、关心的原则基础上讲道理。

诉诸理性的同时诉诸感情。理性的说服过程固然无可挑剔，但是过于冷冰冰，让人不太容易接受，如果将对方的感情代入说服过程中，使之产生共情，可以降低说服的难度。

（6）巧用名言

一句含有哲理的名人格言可以发人深省，给人以启迪。现在有不少青年人对名人与名言有一种崇拜感。把大道理与名人名言巧妙地结合，可以把大道理讲得耐人寻味，富有吸引力。

（7）谈心渗透

“大锅饭不觉香”，讲大道理仅靠在课堂上和公共场合讲，受当时环境气氛的影响，有些朋友可能听不进。出现这种现象，有时就要“开小灶”，选择一个恰当的场合，面对面地与对方真诚、平等地谈心交流，可以及时反馈意见，在互动过程中心服口服。

（8）语言感染

以适应对方的“口味”为出发点，充分发挥口语的魅力，把道理讲得有声有色、生动活泼。美妙的语言是大道理磁石般的外壳，它能吸引听众去深入理解“内核”。要做到这一点，首先要树立自信心，相信正确道理的威力；其次要注意语言的训练，努力提高表达的技巧。

（9）点到为止

话讲得啰唆就让人厌烦，听不进。有些人生怕人家听不懂，翻来覆去地讲一个道理，结果适得其反。正确的方法是：应该视情况因人而异，针对实际把握要讲的内容，该讲的一定要点到，讲清楚、讲透彻，而非反反复复地重复同一个意思，同时又要注意给对方留下充分思考的时间，让对方去领悟、消化。

（10）言行结合

有时对方之所以不服，很重要的一条就在于讲道理的人自己做得不好，“做”得好才能赢得“讲”的资格。把单纯地讲道理变成见诸行动的边讲边做，行胜于言，让人在“看服”中更好地信服，自觉地接受大道理。只有这样，才能收到“此时无声胜有声”的最佳效果。

化干戈为玉帛

当别人吵架的时候，气氛本身就剑拔弩张得让人紧张，劝架的人掺和进去，话说得不好的话，反而会让气氛更紧张。这就是劝架的难点之一。

当关羽听说武艺高强的马超已经归顺了刘备以后，为了自己的虚荣心（川中武艺第一的大帽子不想失去），他就派遣自己的儿子关平来告诉诸葛亮自己的意思。关平说：“我的父亲听说新近归顺的马超将军武艺高强，就打算回来和他比试一下高低。叫我（就这件事）来禀告一下伯父（气量窄小在此已有表现，放弃本职工作只是为了和对方争一口气，败因已伏，他日焉能不败？）。”

听到关平说的话，诸葛亮马上给关羽写了一封信让关平带回去。信中说："我听说将军你想要与马超比试武艺以分出高低。以我看来：虽然马超武艺过人，但也只不过像刘邦手下的黥布、彭越一样（只是一名普通将领），只能与张飞将军争个先锋什么的，远远比不上将军你的才能。况且你接受任命来守卫荆州，这个责任不能说不重；一旦（擅离职守）进入川中，如果荆州出了什么事，你的罪过可就大了。希望你能够仔细想想。"

关羽看过以后，捋着他的胡子说道："只有诸葛亮知道我的心意啊！"他将诸葛亮的书信传遍手下的谋士（这更是虚荣心之大的顶极表现，其虚荣莫过于此，死要面子），于是就断绝了入川与马超比试的念头。

在这里，面对自己的两个部下，一个是地位仅次于刘备和自己的关羽，另一个是刚刚归顺的马超，诸葛亮需要对双方都进行安抚。

但是，关羽的刚愎自用又是诸葛亮深知的，要想劝说他不与马超比试，那就必须满足他的虚荣心。诸葛亮对症下药，在信中对关羽大大吹捧了一番（反正信的内容马超又不会知道），于是，关羽的虚荣心得到了极大的满足（从他拿与诸葛亮的私人通信给旁人看就可以看得出来），从此平息了与马超一争高下的念头。除了诸葛亮和刘备，恐怕很难有人能够轻易说服关羽。

跟诸葛亮学说话

如何劝架，并让双方平静下来是一个无法回避的难题。虽然难，但毕竟还是要勇敢面对而不是退却。事实上，劝架也并不是世界上最难的事情，只要你掌握了以下的技巧：

（1）婉转批评

一对年轻夫妇在吵架。那男的大声指责妻子"没知识，跑到大马路上当众出丑”，一连串粗话，越骂越凶，妻子越哭越伤心。旁边人劝说但根本不起作用。这时有位老人上前拍拍那男的肩膀说：

“你戴了副眼镜，像个知识分子。你有知识，就不要闷在肚里，要拿出来用……”

老人把“用”字拖长，讲得很响。那男的听了一愣，不骂了，定神听老人讲话。老人略顿了一下，接着又说：

“你要用你的知识来说服你妻子嘛！如果你只会跺脚，只会骂，不也变得没知识了吗？还是找个地方，冷静下来，好好劝劝她吧！”

几句话，说到了要害。那男的顿时像泄了气的皮球，变得不那么凶了。老人又去劝那女的：

“有话好好说好么！找组织，找亲友，都好讲么！心里有什么委屈都讲出来，不要闷头哭！汽车不能撞，大卡车更是个大力士，你一个人能撞过它吗？”众人大笑，女的被大家笑得不好意思起来，也不哭了。

吵架的这对夫妻都有不对的地方，又不肯认识到自己的错，才越吵越厉害。老人则分别指出了双方的不当之处，但批评得非常委婉，语气和缓，措辞恰当，夫妻双方才接受了他的劝说。

（2）回顾真情

有两个同胞姐妹为了父母的遗产产生了纠纷。大家一边吃晚饭一边讨论起这件事，两姐妹又吵了起来，互不相让。大姐假装不理会她们的争吵，而叹了口气，自顾自地说了起来：“还记得你们小时候吗？有时候连鸡蛋都吃不上呢！我记得有一次你们俩看见邻居家的孩子拿着一个煮熟的鸡蛋。妈妈没法子了，就煮了一个洋山芋骗你们说这是洋鸡蛋，你们俩高兴得手舞足蹈。大妹说‘妹你先咬一口吧’，小妹说‘还是姐姐你先咬一口’……”

说着说着大姐哽咽起来，听着的两姐妹也都落下泪来，一场遗产纠纷就此化解了。

这位大姐是聪明的，如果她就事论事地去分割财产，想以此来化解两姐妹间的争吵和矛盾，只会越闹越僵，说不定两姐妹还会对做大姐的都产生意见。大姐对姐妹俩以前的真情进行了回顾，勾起了姐妹俩温馨的回忆，才使得矛盾得以成功地化解。

当人们在吵架时，双方都处于不理性的状态，如果劝架的人硬是去为他们评个是非曲直，双方都会无心理会，更不可能冷静思考，反而很容易加深他们的矛盾。如果能与他们一起回顾过去彼此之间的往事，唤起他们发自内心的真情，可能会让双方真正做到互谅互让。

（3）谐音曲解

在一辆列车上，一位妇女卖雪糕，先说五角一块，后又说一块钱一块。一位妇女买雪糕时说："前面卖的五角，后面卖的一块，有你们这样做生意的吗？"

卖主却说："这叫一分价钱一分货，五角的怎能和一块的相比，我的雪糕正宗货。"完了补了一句："虎了吧唧的（东北话"傻"的意思）。"

买雪糕的妇女"唰"地变了脸色，提高音量说："你这话是怎么说的？你说谁'虎了吧唧'的？"

卖主顿时傻了眼，买主却越叫越带劲儿，一场战争即将爆发。这时一位旅客灵机一动，说："大姐，她说的是雪糕'苦'了吧唧的，不是说您'虎了吧唧'的。"

卖主也随声说："我是说雪糕，不是说您。对不起，我没说清楚。"

旁边的人也说："刚才她说的是'苦'，不是'虎'。"那买主便逐渐多云转晴，脸上又阳光灿烂了：“哎呀，我的耳朵要聋了，怎么打起岔了？真不好意思！”卖主向圆场者感激地笑了笑，溜之大吉。

一场眼看要爆发的“战争”就这样被这位乘客化解了。生活中一些争吵原本是不必要的，只是因为当事人的心情不好，才会一气之下口无遮掩，冒犯了另外一方，从而引起争吵。如果能够巧妙地运用谐音等方法将之解释成别的意思的话，就能给双方找一个合适的借口，从而避免一场争吵。

（4）比当事人更荒谬

有一次两位青年农民去给玉米施肥，因猪粪离庄稼远近而争执起来。

甲说：“猪粪离庄稼近，便于庄稼吸收，庄稼肯定爱长。”

乙说：“让你这么一说，应该把庄稼种到猪圈里，一定更爱长。”

甲说：“你这是不讲理。”

乙说：“怎么不讲理？你不是说离猪粪近，庄稼爱长吗？”

两人开始争吵起来。这时，一位中年农民凑过来说：

“我看你们俩谁说得也不对。猪尾巴离粪最近，也没见过猪尾巴长得有多长……”

一句话，使在场的人都哈哈大笑。甲和乙在大家的笑声中也不好意思再吵了。中年农民劝架的话似乎连常识都不符合，但一语中的地点破了甲乙两人的诡辩，兼具强烈的幽默感。

“马有失蹄，人有失语”，偶尔失语在语言交际中难免发生，但失语往往是许多矛盾发生和激化的根源。当吵架双方因为失语而引发了矛盾时，如果能抓住他们话中明显不合逻辑的地方，然后顺着他们荒谬的逻辑，说出一个令大家捧腹大笑的更荒谬的结论，矛盾往往就能在笑声中化解。

攻破对方的心理防线

说服别人最大的一个障碍就是攻克对方的心理防线，消除对方由于对你的诚意表示怀疑而产生的戒备。否则，这道防线将像一堵墙，使你的话说不到他的心里去，甚至对你产生反感。

当周瑜想用计诱骗诸葛亮承担攻打曹操运粮通道的任务时（这个任务很可能失败），没想到却上了诸葛亮的当（被诸葛亮激怒），自己一手把这个任务揽了过去。为了挽救周瑜并彻底击破他的心理防线，诸葛亮又对鲁肃说了下面一番话。

诸葛亮笑着说道："周瑜派我去截断曹操运粮草物资的通道，其内心的意思只是想借曹操的手来除掉我罢了。正是因为这个原因我就拿话来激他，没想到周瑜气量窄小连几句话都容纳不下。现在正是用人的紧要关头，只希望你的主公及手下与刘备能够同心协力，唯有这样才能打赢这场战争；如果彼此之间互相算计，则什么样的大事也做不成。曹操原本就足智多谋，他一生善于断别人运输粮草物资的通道，（对于自己的通道）他怎么会不派遣重兵来守卫呢？周瑜如果真的去偷袭他的粮草通道，必然会被曹操捉住。当务之急是与曹操（在他所不熟悉的水上）决战，先挫一挫曹操部队的锐气，然后再想更好的妙计来最终打败他。希望你能够把我的这一番话原原本本地告诉他。"

在这里，诸葛亮其实完全可以不管周瑜的死活，然而，如果那样的话，赤壁之战中东吴就少了一员具有帅才的大将，己方的胜算也少了很多。于是，诸葛亮就设法攻破对方的心理，让对方彻底放弃对自己玩心机的图谋。他这样做既激怒周瑜让他自己承担必死的任务，同时又通过中间人鲁肃去劝说周瑜不要去白白送死，从而顺利地达到了自己的目的。

跟诸葛亮学说话

在说服别人时，有以下几个技巧必须加以学习和体会。

（1）利用同步心理

什么是同步心理呢？同步心理就是，凡事想跟他人同步调、同节奏，也就是“追随潮流主义”，是那种想过他人向往的生活、不愿落于潮流之后的心理。

正是由于这种心理的存在，那种不顾自身财力、精力，甚至是否真心愿意而豁出去做的念头，就很容易乘虚而入，支配人们的行为，促使人们盲目做出与他人相同的举动。

通常人们在受到这类刺激后就很容易变得没有主见，掉入盲目附和的陷阱中。比如推销员或店员经常会搬出“大家都在用”或“有名的人也都用”等推销话语，促使人们毫不犹豫地接受。

（2）利用逆反心理

当别人告诉你“不准看”时，你就偏偏要看，这就是一种“逆反心理”。这种欲望被禁止的程度越强烈，它所产生的抗拒心理也就越大。如果能善于利用这种心理倾向，就可以将顽固的反对者软化，使其固执的态度出现180度的大转弯。

如果在说服对方的时候，直接就说：“你这样做不对。”对方的“逆反心理”也许就会产生作用，对方一定会反感地说：“不，我绝对没有错。”这样的话，通常会使对方产生一种潜在的反感心理，而当对方有了这种心理时，就只有放弃说服他的念头了。

富兰克林做雷电实验时，曾在自传中提到有关利用“逆反心理”的论述，也就是“在说服别人时，首先必须非常稳重地叙述自己的意见，然后附带地说：‘这只是我的观念，也许是有错的。’如此一来，对方就会视你的意见为自己的意见，甚至当你表现出犹豫不决时，他还会反过来说服你。”

（3）利用对方的危机感

在一定的条件下，每个人都会产生某种危机感，这种意识使他心生恐惧，并由此激发出强烈的要求上进的愿望。如果你能把握他的这种危机感，就能有针对性地采用相应的对策。

以下是一个希望儿子考上大学的母亲，为了改变儿子吊儿郎当的态度而与他进行的对话：

“小虎呀，高考已经迫在眉睫了，你非得加紧用功不可！你看看你，整天只知道弹吉他，这样下去不行啊。唉，真不知道你心里是怎么想的！”

“哼，怎么想？我觉得读不读大学都无所谓。那些书呆子们拼了命考上一流大学，进了大企业，结果又怎样？像爸爸，在公司做那么久了，还不是一遇裁员就立刻失业啦！”

“话不能那么说呀！虽然爸爸今天是被裁员了，可是这许多年来我们家的生活水准不都是在中等之上吗？你想要的东西有哪一样没买给你？这些都是你爸爸的功劳，全都因为他上过一流大学，进了大企业的缘故呀！你想想看，要不是你爸爸，我们家会变成什么样子呢？根本就不可能像现在日子过得这么舒服！”

“知道啦！可是我喜欢音乐，想试一试究竟自己能不能靠它闯出一条路来，就算不成功我也不会后悔的。”

“音乐？我知道你喜欢音乐，但只能把它当作一种爱好。要想成为音乐家是要有特殊天赋的，你确定自己有天赋吗？就算你有天赋，还得加上不断的训练才行，而且你能玩上十年的音乐吗？能吗？”

“说的也是……但我还是想试试看。”

“喜欢归喜欢，放弃考大学而搞音乐，毕竟太冒险！”

“嗯，知道了。”

这位母亲的说服是相当成功的。她巧妙地利用了儿子自己对于放弃大学而专搞音乐的潜在不安全因素，让他明确感受到危机所在。

在与人交流中，如果你能洞悉他的内心，巧妙地刺激对方的隐衷，使他内心的想法完全暴露出来，就能找到他的危机感。这个危机感就是你说服他的一把利器。

（4）树立共同的敌人

在说服别人时，要懂得将小的共同点扩大，树立“共同的敌人”，使双方有同仇敌忾的感觉。《孙子兵法》中有“吴越同舟”这么一句话，原意是讲吴国和越国本是敌对的双方，但因同时面对魏国的威胁，在不得已的情况下，两国只好尽释前嫌，以对付共同的敌人。“吴越同舟”的故事就是由此产生的。

一旦出现了强大的共同敌人时，即使是敌对的两方，也会摇身一变，而成为合作的对象。

其实，“共同的敌人”并不见得真的存在，但可以故意制造一个“假想的敌人”。当然，这必须具有高超的演技，如果演得不够生动，反而会使对方产生反感。不过，为了能够引导一个持相反意见的人反过来赞成自己的意见，这种方法是值得一试的。

令对方心服口服

说服对方时，最好的效果就是使对方心服口服。那么，如何才能达到这种效果呢？先来看看诸葛亮是怎么做的。

在赤壁之战前的关键时刻，周瑜却因忧虑而患了病（实为心病）。鲁肃见周瑜卧病，心中烦闷，就来见诸葛亮，告诉他关于周瑜患病的事情。诸葛亮说："你觉着要怎么办呢？"鲁肃说道："这是曹操的福气，江东的祸事啊！"诸葛亮笑着说道："周瑜的病，我就能够治好。"鲁肃说道："如果真是这样的话，那是我们国家的幸运啊！"他就请诸葛亮一起去为周瑜看病。

诸葛亮见了周瑜说道："几天不见你，想不到你就变成了这样！"周瑜说："人有旦夕祸福，又怎么能够保证自己没有事呢？"诸葛亮说："天有不测风云，人又怎么能够料到呢？"周瑜一听，脸色就变了（被诸葛亮说中了心事），就呻吟起来。诸葛亮问道："都督是否觉着心中烦闷郁积呢？"周瑜答："是的。"诸葛亮说："必须用凉药来解除这种病症。"周瑜说："已经服了凉药，但根本没有用。"诸葛亮说："必须先理顺气脉；气顺了，那么很快病症就可以痊愈了。"周瑜料到诸葛亮必然知道他的心意，就用话试探他道：“要想理顺气脉，应该服用什么药呢？”诸葛亮笑着说：“我有一个药方，保证让都督气脉通畅。”周瑜说道：“愿意听先生的妙方。”诸葛亮叫人拿来纸笔，然后让左右服侍的人退下，秘密地写了十六个字：欲破曹公，宜用火攻；万事俱备，只欠东风。写完，递给周瑜说道：“这就是都督你的病根！”周瑜一看大惊：诸葛亮真是神仙啊！早已经知道了我的心事，只能把实际的情况告诉他了。于是他就笑着说道：“先生已经知道了我的病根，那么要用什么药呢？要知道现在形势危急，请你马上告诉我。”诸葛亮说：“我虽然学识微薄，但早先曾经遇上一个异人，传授了我关于奇门遁甲的书，可以呼风唤雨。都督如果想要东南风，那就在南屏山建立高台一座，起名叫七星台，高九尺，建成三层，派遣一百二十人，手拿各种各样的旗帜在周围站岗。我在台上作起法术，向天借用三天三夜的东南风。怎么样呢？”周瑜说道：“不要说三天三夜，只要一夜的大风，大事就可以办成了。只是刻不容缓，需要立即建成，不可以拖延了。”诸葛亮说：“十一月二十日甲时借风，到二十二日丙寅时风停，怎么样？”周瑜一听，马上就起来了。

诸葛亮听说周瑜患病，便已经猜到了病因，只是他并不说破，而是去面见周瑜。待见到周瑜之后，一番话说得周瑜从病榻上一跃而起，不但病完全好了，而且马上调兵遣将，配合诸葛亮施法术。至此，周瑜对诸葛亮的计策已经到了言听计从的地步，自然对诸葛亮也心服口服。

跟诸葛亮学说话

说服别人时究竟该怎么做？以下的建议相信会对你有所帮助。

（1）说服要抓住实质

冯玉祥当旅长时，有一次驻防四川顺庆，与一支友军发生矛盾。这支友军将骄兵惰，长官穿黑花缎马褂、蓝花缎袍子，在街上摇摇摆摆，像当地的富家公子。有一天，冯玉祥的卫士来报："我们的士兵在街上买东西，他们看我们穿得不好，就骂我们是孙子兵。"

冯玉祥看看自己穿的灰布袄，便说："由他们骂去，有什么可气的。这正是他们堕落腐化、恬不知耻的表现。"

为了避免引起乱子，冯玉祥立即集合全体官兵进行训话："刚才有人来报，说第四混成旅的兵骂我们是'孙子兵'，听说大家都很生气，可是我倒觉得他们骂得很对。按历史的关系说，他的旅长曾做过20镇的协统，我是20镇出来的，你们又是我的学生，算起来你们不正是矮两辈吗？他们说你们是孙子兵，不是说对了吗？再拿衣服来说吧，绸子的儿子是缎子，缎子的儿子是布，现在他们穿绸子，我们穿布，因此他们说我们是孙子兵，不也是应当的吗？不过话虽这么说，若是有朝一日上了战场，那里就能看出谁是爷爷，谁是真的孙子来了！"

几句话把官兵们说得大笑起来，再也不生闷气了。

军队就是参加打仗的，冯玉祥抓住了这一实质，因此把手下人说得心服口服。

（2）给人台阶下

一家百货公司的一位顾客要求退回一件外衣。她已经把衣服带回家并且穿过了，但她却一口咬定说："绝没穿过。"其实只是她丈夫不喜欢，要求退换。

售货员检查了外衣，发现有明显的干洗过的痕迹。但是，直截了当地向顾客说明这一点，顾客是绝不会轻易承认的，因为她已经说过“绝没穿过”，而且精心地伪装过。这样做双方可能会发生争执，于是机敏的售货员说：“我很想知道是否你们家的某位把这件衣服错送到干洗店去过。我记得不久前我也经历过同样的一件事情：我把一件刚买的衣服和其他衣服堆在一起，结果我丈夫没注意，把这件新衣服和一大堆脏衣服一股脑儿塞进了洗衣机。我怀疑你是否也会遇到这种事情，因为这件衣服的确看得出已经被洗过的痕迹。不信的话，可以跟其他衣服比一比！”

顾客看了看证据，知道无可辩驳，而售货员又为她的错误准备好了借口，给了她一个台阶下。于是，她顺水推舟，乖乖地收起衣服走了。

现实生活中，人们普遍存在着吃软不吃硬的心态。特别是性格刚烈、很有主见的人，你如果说硬话，比如以命令的口吻，对方不但会不理睬，说不定比你更硬；你如果来软的，对方反倒可能产生同情心，纵使自己为难，也会顺从你的要求。

恳求就属于软话一种。有很多时候，你要想说服人，说软话要比说硬话效果好得多。

其实，有很多人不是不懂得说软话，而是觉得有失身份而不愿意说，即使有求于人，也不忘说几句硬话，以示尊严。这种想法虽不能说“错”，但并不可取。为了达到劝说目的，不妨说几句恳求性的软话。

恳求，通常是处于弱势的人使用的方式。然而在不利态势下，恳求并不是低三下四的哀求，而是一种“智斗”，是一种心理交锋。通过恳求的语言启发、开导、暗示对方，并使对方为你所服。

一位内地的干部到广州出差，在街头小货摊上买了几件衣服，付款时发现刚刚还在身上的一百多元外汇券不见了。货摊上只有他和摊主，明知与摊主有关，但没有抓住把柄。当他提及此事时，摊主很可能会翻脸说他诬赖人。

在这种情况下，这位干部没有和她来“硬”的，而是压低声音，悄悄地说：“姑娘，我一下子照顾了你五六十元的生意，你怎么能这样对待我呢？你在这个热闹街道摆摊，一个月收入几百上千，我想你绝对看不上那几张外汇券的。再说，你们做生意的，信誉要紧呵！”

他见姑娘似有所动，又恳求道：“人家托我买东西，好不容易换来百十块外汇券，丢了我真没法交代，你就替我仔细找找吧，或许忙乱中混到衣服堆里去了，我知道，你们个体户还是能体谅人的。”

姑娘终于被说动了，她就坡下驴，在衣服堆里“找”出了外汇券，不好意思地交还给了他。

第三章

激术

——铁不敲打不成器

批中带评

批评是一种一般人都不愿意采用的交流方式，然而，在有些场合，必须通过批评才能起到相应的作用。尤其是作为领导者，批评下属的机会更多一些。如果批评不得其法的话，不但不会使对方改正自己的错误，相反还会激起一些人的反感，表面上服从，内心里却会铆足了劲与你对着干。到了这种地步，批评已经完全失去了它应有的作用。那么，究竟该如何批评对方才能不引起对方的反感呢？还是让我们看看批评高手诸葛亮是怎么做的吧！

当诸葛亮结束北伐回到成都时，费祎祝贺道："我听说丞相已经攻下了四个县城，我非常高兴（明显的拍马屁）。"

诸葛亮很生气地说道："这是什么话，以前丢掉了，现在又得到了，跟没有得到有什么两样？你拿这个原因来向我道贺，不过是使我更加感到羞愧罢了。"

费祎又说："近来听说丞相你收服了姜维这员大将，天子都非常高兴。"

诸葛亮愤怒地说道："作战失败才无奈回来，又没有夺到尺寸地盘，这按理说就是一桩大罪。即使得到了一个姜维，但是对于魏国来说，他们有什么损失呢？"

费祎又说道："现在丞相带领着数十万大军，可以再次出征去讨伐魏国吗？"

诸葛亮说："过去大军驻扎在靠近魏国边境的祁山时，我军的兵力多于魏国的兵力，那时反而被魏兵击败；看来这个原因不在兵力的多少，而是在于主将的责任。现在我打算精减兵员和将领，领受惩罚在家里反省自己的过失，研究变通的办法以应付将来的需要。如果不这样，就是兵力再多，又有什么用呢？自此以后，不管哪个人，只要有出于对国家的长远考虑，就要勤于指出我的缺点，责备我的过失（而不是像你一样只会拍马屁），那么大业才可以成就，敌人才能消灭，功劳才可以很快地看到。"

费祎等各位将领听罢都非常叹服。

当诸葛亮结束北伐时，其实他心里很清楚这次北伐没有任何功绩，只不过是又一次的劳民伤财而已。因此，当费祎向诸葛亮道贺时，诸葛亮非常清醒地批评了他，同时又借题发挥，告诫众部下，让他们多多提醒自己，少犯错误，并且把这样做的原因清楚地告诉了众位部下，从而收到了很好的效果。他这样做不但展示了自己的虚怀若谷，也为日后减少自己的错误提了个醒。这样的批评，不只是费祎，连众将领都心服口服。

跟诸葛亮学说话

赞美能激励人，批评同样也能，只是要巧妙地批评才能收到这样的效果。有一些人就很聪明，能把批评变成阳光雨露，使批评产生最好的效果。请看下面的例子：

有一次，几个属鼠的男同学在期中考试中考了满分，挺得意，有点飘飘然。他们的班主任发现了，委婉地通过一个故事批评了他们："我听说过这么一个故事。有只小老鼠外出旅游，恰好两个孩子在下兽棋，小老鼠就悄悄地看，还发现了一个秘密，这就是，尽管兽棋中的老鼠可以被猫吃掉，被狼吃掉，被虎吃掉，却可以战胜大象，于是立刻认定，它才是真正的百兽之王呢！就这么一想，小老鼠就得意起来了，从此瞧不起猫，看不起狗，甚至拿狼开心。有一天，它还大摇大摆地爬到老虎的背上，恰好老虎在打瞌睡，懒得动，就抖了抖身子。小老鼠于是更加得意，它还趁着黑夜钻进了大象的鼻子，大象觉得鼻子痒痒，也就打了个喷嚏，小老鼠立刻像出膛炮弹似的飞了出去，就这么飞呀飞呀飞了好半天，扑通一声掉在了臭水坑里！好，现在就请大家注意一下，'臭'字的写法，怎么写的？'自大'再加一点就是'臭'。有趣的是，今年正好是鼠年，咱们班有不少属鼠的同学，那么，这些'小老鼠'们会不会也掉到臭水坑里呢？我想不会，但必须有一个条件，这就是永不骄傲！"说到这里，这位班主任还特意看了看那几个男同学，那几个男同学当然明白，老师的批评全包含在那个有趣的故事中了！他们挺感激，很快改正了自己的缺点。

某个女中学生早恋，老师找她谈过后，她有所改变。但临近期末，她又有些不放心，怕老师在操行评语中提及早恋之事。一次闲谈中，她突然问："老师，你觉得我近来怎么样，会不会在评语中给我来上一笔？"老师本来可以直言，但看到还有两个女生在场，不便明说，可也不能不说两句，让这个女生放心。于是老师随机答道："你自己觉得怎样就是怎样，难道你和她们不是一样的吗？你为什么要把自己特殊看待呢？"如此含蓄委婉，那位女生也就心领神会了。

还有一位老师，他的批评之道简直就是艺术。那是在一次数学考试之后，他发现班上的女生普遍考得比男生好，就在班会上给大家讲了个故事："昨天我做了个梦，梦见我的老师在课堂上问我，来生当男生还是当女生，我就回了一句：当女生！我的老师就问我，为什么？我就说，男生与女生下棋时，要是女生赢了，她就会立刻被大伙称为女才子，要是输了，人们也不会责怪她；可男生就惨了，要是他下赢了，肯定没人说他是男才子，可要是下输了，人们又立刻说他是个大草包。天！亏不亏！"听到这个奇怪的梦，大家全都笑出了声，而他也就从从容容地接着说："不过今天我不说梦，而是要表扬咱们班的女生。为什么？因为她们考得好，超过了男生！这说明，不仅下棋，考试也一样，女才子特别多！因此，我既要为我们班女生们的胜利而骄傲，也要为我们班男生们的谦虚而骄傲！"哄的一声，大家又一次快活地笑了！女生们笑，是因为老师在夸她们；男生笑，则是因为老师的妙侃是对自己的一个极巧妙的批评。

批评是激术中的一种，如何在批评对方时使对方心服口服，并能顺利接受，却是衡量一个人口才好坏的重要依据。虽然上述的例子都是有关教育，但是也体现了批评时的语言艺术。

希望你在看了上述例子之后，会有所启发。

促使对方下决心

当你碰上一个生性犹豫不决的人时，你该如何说话，才能促使他快一些下定决心呢？这是一个难点。因为如果你说的方式不对，对方很可能会认为你别有用心，反而更加不敢下决心，所以，在对这样的人说话时，你更要小心一些。

在诸葛亮见到孙权准备劝服他和刘备联合抗击曹操时，诸葛亮就暗想："这人的相貌长得颇不平凡，只可以激发他的大志，不可以劝说他（接受自己的主张）。等到他问自己（天下的大事）时，就拿话语来激他就行了。"

孙权说道："经常听鲁肃谈到你的才华过人，如今很荣幸地见到了你，想向你请教。"

诸葛亮说："我其实没有什么真才实学，请你不要顾及面子，（有什么样的问题）明说就行了。"

孙权问："你曾经于近期在新野与曹操作战，必然很清楚地知道曹军的虚实。你说曹操实际的兵力到底有多少？"

诸葛亮说："算上骑兵、步兵和水兵，一共有一百多万人。"

孙权又问："这难道不是曹操为了欺骗世人自己夸大的兵力吗？"

诸葛亮说："并不是曹操骗人的话。曹操在兖州的时候就已经拥有自己在青州招募的部队二三十万人；灭了袁绍，又得到（袁绍的部队）五六十万人；现在又得到荆州的部队二三十万人，以这样的方式计算，他的部队不下一百五十万人。我仅仅说他有大约一百万人，是害怕吓着了江东的人（更加害怕曹操的军队）。"

鲁肃在一旁，听到以后脸色都变了，用眼睛来暗示诸葛亮（按原先商量好的少说一些）。然而，诸葛亮只假装没有看见。

孙权又问："曹操手下的将军，又有多少人？"

诸葛亮说：“足智多谋的谋士和能征善战的名将，何止一两千人之多。”

孙权问：“现在曹操平定了荆州、襄阳，还会有更大的打算吗？”

诸葛亮：“现在他正在沿着长江向前推进，准备大量的战船，如果他不打算攻打江东，又准备去攻打谁呢（除了江东，谁又需要用战船去攻打）？”

孙权说：“如果他有吞并我们江东的打算，与他作战还是投降，请你帮助我做一个决定。”

诸葛亮说：“我已经有一个决断，但是恐怕将军不肯听从（我的意见）。”

“愿意听取你的高明见解。”

“过去因为天下大乱，所以将军你在江东起兵，刘备则在汉水以南招收部队，与曹操一同争夺天下。到了后来曹操接连攻克了几个强敌，平定了许多地方，充实了自己的实力，近来又攻克了荆州，他的威名更是传于天下。（由于天下已大部分都被曹操平定）即使有真正的英雄，也没有了施展自己才能的地方，所以刘备才逃避到了这里。希望你能够估计自己的实力而选择自己的处境：如果能够拿吴越的部队，与曹操相抗衡，那就不如早一点与他断绝一切关系；如果不打算这样做，那还不如听从你手下众谋士的意见，约束部队，捆起铠甲，向他称臣而服从于他。将军虽然表面上表示服从，内心里却并不打算这样，形势急迫却不能够早做决断，你的祸事已经不远了！”

孙权说：“如果像你说的那样，刘备为什么不（按照你说的那样）投降曹操（省得东跑西躲来躲避曹操的追杀）？”

诸葛亮说：“历史上的田横，只不过是齐国的一个普通人，尚且为了忠义而不投降，何况刘备是真正的皇室后裔，凭借自己的出众才能而闻名天下，众多的能人贤士都仰慕他的名声。虽然到现在没有成就大的事业，那是因为天数不到的缘故，又怎么能够甘心屈居他人的手下呢？”

孙权听了诸葛亮这样的话（拿他做反面典型），就突然变了脸色，（恼怒地）拂了一下衣服袖子，站起身来（把诸葛亮晾在一旁）自己一个人去了后堂。

诸葛亮因为用言语激孙权，把孙权激怒了，使其独自一个人退回了后堂。表面上看这次劝说是不成功的，其实则不然。如果孙权骨子里就不想和刘备联合，那么他就会对诸葛亮客客气气的，让诸葛亮无从劝起，最后礼貌地把诸葛亮打发走了事。然而，孙权却有了怒气，这至少说明诸葛亮的话让他有所触动，内心里正在进行复杂的斗争。这里就显示出了诸葛亮的高明之处，先用激术，把孙权内心里的骨气调动起来，然后给他足够的时间让他自己思考，同时还暗示他刘备虽然力量不如他，仍然打算抗击到底，反衬出孙权的优柔寡断，同时提醒他如果再这样，祸事马上就会降临到他的头上。这样一系列的激与劝的结合，使得孙权动了心，并最终促使孙权下定决心与刘备联合，一起抗击曹操的大军。

跟诸葛亮学说话

面对犹豫踌躇的人，与他们沟通时，经常需要提出你的意见，甚至替他们做决定。此时，明确地说出答案，给对方徘徊不定的意见一个临门一脚，可以当成说服的手段。

例如，在服饰店镜子前比画许久的女士，常为买这件或那件而伤脑筋时，销售小姐如果能具体地提出意见，往往能促使顾客做决定。比如：长裙能表现出飘逸的美感，牛仔裤呈现潇洒的帅气。倘若仍无法选择时，不妨再告诉她："你身材修长，穿牛仔裤更合适。"顾客通常就会买了，这是高明的销售手法。

用简单直接而又令人惊讶的断定法来操纵对方，往往会收到立竿见影的效果。例如，某男对自己心仪已久的女子说："除了我以外，再也无人能让你幸福，只有我才最合适你！"老练的刑警在审讯犯人时，会偶尔插入这样的话："你迟早要说出真相！落在我手上的人，没有一个能隐瞒住真相！"这位刑警重复地将这个信息灌输到犯人的脑海中，让他在无形中产生一种"我一定躲不过"的印象，而最终吐露实情。

另外一种促使对方下决心的方法是给人以绝处逢生感。

在说服的时候，如果一上来就指出对方的做法所产生的恶劣后果，就会使他因绝望而放弃自己的想法。相反，如果你在对方泄气的时候，给他指明一条出路，他肯定会十分高兴地采纳。

一位父亲就是利用人绝处逢生的心理来劝说儿子养成储蓄的习惯的。

父："孩子，好久前你就想买球棒，妈妈给你买了没有？"

子："没有！"

父："为什么不自己想想办法呢？"（引起对方的需求欲）

子："可是我没有钱呀？"

父："这样吧！从明天起，爸爸每天给你1元钱。你存一个月，该有多少钱了？"

子："30元呀！"

父："两个月后你就有60元了，60元就可以买球棒了。不过，这两个月中，你必须不花钱买其他东西。"

子（高兴地）："那我就不用等妈妈买了。"

父：“是呀，你以前没有球棒，当时感觉怎么样呢（使对方产生绝望感）？现在你把零用钱储蓄起来，就可以买到新的球棒，你的朋友等到你有了新球棒会怎样？你有没有必要存钱呀？”

伏尔泰说：“判断一个人凭的是他提出的问题，而不是他的回答。”要想给人以绝处逢生感就得把问题提好。这类提问，不仅能使你有条不紊地诱导对方，而且还有助于对方整理自己的思想和感受。

一语惊醒“梦”中人

执迷不悟的人往往固执于自己的错误，抗拒别人的规劝，如何说话才能让他们愿意倾听，又不至于招惹他们反感而引起争吵，这是一个比较棘手的难题。既然是难题，如果把它顺利解决，那就会显示出你的与众不同。那么，该如何做呢?

先让我们看看诸葛亮是怎么做的。

在北伐魏国时，诸葛亮把魏延派作先锋，以为重用。然而魏延认为自己没有被重用而生怨言。

魏延说道：“我既然作为先锋，按理说应该冲锋在前，进攻敌人，为什么反而让我闲居一旁，无所事事？”

诸葛亮说道：“冲在前面去进攻敌人的，是那些偏将们的事情。现在让你负责接应街亭这个战略要地，守在阳平关的主要通道上，同时负责防守汉中这个更重要的地方，这是更重大的任务，怎么能说是让你闲居一旁，无所事事呢？你不要拿这个任务不当回事，从而耽误了我的大事。你务必要小心谨慎，不可以大意！”

魏延一听，（接受这样重要的任务）非常高兴。

起初魏延是带着满腹的怨气来见诸葛亮的，认为诸葛亮把他大材小用，不委以重任，而是以一个闲职来敷衍他。诸葛亮针对他的怨气，进行了解释，告诉他那些冲锋在先的任务，是一般将领的事情，而不是大将们要做的。其实给他的任务相当重要，只不过他并不能明白战略方面的布置和诸葛亮的深意。经过一番解释，魏延明白了诸葛亮的苦心，便不再坚持自己的错误理解，高高兴兴地接受了任务。

跟诸葛亮学说话

其实，劝解别人，方法有多种，就看你怎么用了：

（1）当头棒喝，反向刺激

一个高二女生受不良风气影响有了早恋倾向，和同班一个男生频繁约会，上课时也心不在焉，以至于成绩大幅滑坡。班主任把她叫到办公室，问她为什么不认真学习，她回答：“没心思学。”

班主任听后厉声呵斥道：“你那心思都干什么去了？你为什么就这样执迷不悟？告诉你，中学生不允许谈情说爱。再过一年，你就后悔莫及了，他考上了重点大学，就绝不会跟你来往了——因为你太浅薄，太虚荣，太目光短浅了！”

那女生一听这么严厉的话，眼泪就扑簌簌地流了下来，眼里满是对老师的记恨，但心里却受到极大的震动。待她哭完，班主任又温和地说：“对不起，我刚才的话可能不够礼貌，其实我只是出于无奈，是害怕你堕落到那种地步啊！”

那女生终于领会了班主任初而严厉继而温和的真实用意，因此，一面接受了老师的道歉，一面痛下了洗刷“浅薄”的决心。

生活中一些执迷不悟的人，成天沉浸在自己的想法中，浑浑噩噩，糊里糊涂。这时，要惊醒他们，可以采取像这位班主任一样“当头棒喝，反向刺激”的方式，给对方强烈的心理刺激，促使他深刻反思自己。当然，反向刺激的最终目的还在于正面引导，所以，最好能在对方有所触动后，再为自己刚才的率真加以道歉，让对方恢复心理上的平衡，只有这样，才能取得好的说服效果。

（2）迷惑对方，迂回出击

战国时的靖郭君是齐国的贵族，很受齐王重用，在国内很有权势。后来他与齐王有了矛盾，担心有朝一日会与齐王闹翻，于是，他打算在自己的封邑四周筑起城墙，以防止齐王的进攻。这一举措显然是不明智的，以一个家族的力量与强大的齐王相抗衡，无异于以卵击石。筑起高高的城墙，不仅挡不住齐王，反而会使双方的关系进一步恶化。因此，门客们纷纷劝阻，无奈靖郭君非常固执，不但不听，还下令守门的人不得为说客通报。

正当众人束手无策时，一个齐国人自告奋勇，上门求见，他向靖郭君保证见面时只说三个字，多一个愿受烹刑。由于他许诺的条件十分奇特，靖郭君总算同意了他求见的请求。进门之后，他十分严肃地凝视着靖郭君，看了很长时间，然后，缓缓吐出三个字：“海、大、鱼。”

说完，转身就走。靖郭君听了大惑不解，忙叫住他追问，那人却不肯多说，直到靖郭君声明前面的约定作废时，他才做了进一步的解释："先生没有看见海里的大鱼吗？何其逍遥自在！渔网捕不住它，鱼钩钓不住它。然而，一旦离开大海，在海滩上搁了浅，就连小小的蝼蛄也能群起而攻之，把它当作口中之食。如今，齐国就是您的大海，若有齐王的宠信，您何须筑城墙？如果失去齐王的支持，即使把城墙筑得再高，又有何用？"

靖郭君听了恍然大悟，就此放弃了筑城墙的计划。

这位说客首先使用"海、大、鱼"三个字激起了靖郭君的好奇心。按照常理，谈话时话语应该围绕特定的话题展开。"海、大、鱼"三个字，从字面上看，和当时双方共同关心的话题——筑城墙没有丝毫联系。这样一句莫名其妙的话，不能不使靖郭君好奇心大增，这时主客之势在无形中发生了转换。本来是靖郭君摆开架势，严阵以待，准备拒谏，现在却是放下架子，好言安抚，虚心求谏。然后，这个齐国人采取迂回出击的战术。尽管靖郭君有了求谏的表示，但说客并不急于谈论筑城墙之事。因为"筑城墙"是一个敏感的话题，过早触及这个话题没准又会唤起靖郭君的戒备心理，使他重新回到原来那种封闭的状态中去。所以，这位老练的说客开始时仍是若即若离地说"海"和"大鱼"的故事，直到他把"大鱼"对"海"的依存关系表述清楚，并明晰地描述了鱼在失去大海后为蝼蚁所食的残酷景象时，才画龙点睛地道出寓言的真意所在。这对靖郭君来说，不啻是醍醐灌顶，幡然醒悟，于是他马上放弃筑城墙的计划。

（3）一针见血，切中要害

汉代著名的丞相萧何，有一次向汉高祖刘邦请求将上林苑的大片空地让出给百姓耕种。上林苑是一处专供皇室游玩嬉戏和打猎消遣的园林。刘邦一听萧何居然要缩减自己的园林，不禁勃然大怒，认为萧何肯定是接受了百姓和商人的钱财，才公然替他们说话办事。于是下令将萧何逮捕入狱。廷尉是专门为皇帝办案子的部门，只要皇帝认定某人有罪，廷尉官员就不惜动用大刑使犯人认罪，以讨好皇上。因此，如果把萧何交给廷尉处理，那么肯定要屈打成招。可这时的刘邦非常固执，谁的规劝都听不进去。

在这紧要关头，有一位侍卫官上前说："陛下是否记得原来与项羽抗争以及后来黥布谋反，陛下亲自带兵东征的时候？那几年，只有丞相一个驻守关中，关中百姓又非常爱戴丞相，如果丞相有利己之心，那么关中就不会是陛下的了。丞相不在那个时候去为自己谋大利，难道还会在这个时候去贪百姓与商人的一点小利吗？"

简单一席话，击中了要害。刘邦深受触动，终于意识到自己的鲁莽，愧对丞相的一片苦心，非常惭愧，于是立即下令赦免萧何，并官复原职。

那些执迷不悟的人，执意坚持自己的意见，心结打不开，就不可能走出思想的误区。这时，如果能一针见血，切中对方的要害，往往能起到醍醐灌顶之效。

用赞美激励对方

赞美是一种常见的激励方式，尤其是领导者，更是把这种手段作为自己的秘密武器之一。殊不知，赞美也是需要技巧的，如果赞美过分，那就成了拍马屁；如果赞美与对方的心理期望不能互相衔接，对方会认为你是虚情假意。所以说，拿捏好赞美的分寸很重要。

当诸葛亮收服了姜维以后，就拉着姜维的手说："我自从茅庐中出山以来，无时无刻不在寻访贤能的人，然后把我的一生所学传授于他，只是没有找到这样的人。现在遇上了你，我的心愿可以了结了！"姜维大喜，感谢诸葛亮的美意。

诸葛亮得到姜维以后，面对这样一个人才，首先想到的是怎么才能使对方死心塌地地为自己效命，为蜀国尽忠。况且诸葛亮还有一层考虑，那就是自己的一生所学，后继无人，正好姜维可以填补这个空缺。而对于姜维来说，能够学到诸葛亮的本事，那是自己求之不得的，况且诸葛亮又适当地恭维了他，使得姜维不为诸葛亮死心塌地地效命都不行了。在这里，诸葛亮并没有过分地赞美姜维，只是告诉他，他就是自己所要寻找的那个人，姜维就已经注定要将自己的命运与诸葛亮及蜀国捆绑在一起了。一句简单的赞美就可以产生这么大的力量，足见适当赞美的作用。

跟诸葛亮学说话

很少有人能认识到在日常工作和生活中，我们是多么需要他人的赞赏和鼓励，因为在此当中，人们不仅能够感受到乐趣和温馨，同时也能增添自信。

有一个人上大学前，母亲告诉他："你6岁时有位算命先生为你看过相，说你是有福气的人，将来肯定能飞起来的。"他告诉母亲那是迷信，骗钱罢了。但是母亲当时是用非常恳切的语气说的，好像把假话都说成是真话了。

“你一定会飞起来的！”这句话一直在他心中打转，模拟考试考砸了的时候，他急得吃不下饭，恍惚中又想起了母亲的那句“你一定会飞起来的”。后来他以全县文科状元的成绩考入了北京读书，他至今虽然还不太明白母亲当时的用心，但却悟出：就是母亲的那句赞美之词让他走得更远的。

有位教育家曾说过：“我们若不断地赞扬年轻人，他们必会产生自信。此时，我们再加以严格督促，这样，他们便会对自己的能力深具信心，因而能够摆脱低落的情绪，接受更进一步的指导。”

生活中，经常需要称赞别人的优点。真诚的赞美，于人于己都有重要意义。对别人来说，他的优点和长处，因你的赞美而显得更加光彩；对自己来说，表明了你已被别人的优点和长处所吸引，这有可能是进步的开端。

英国文豪狄更斯年轻时潦倒不堪，稿件不断被退回。一次，一名编辑承认了他的价值，写信夸奖了他。这个赞扬改变了狄更斯的一生，从此世界上多了一个伟大的文学家。

赞美是一件好事情，但并不是一件简单的事。若在赞美别人时，不审时度势，不掌握一定的技巧，即使是真诚的赞美，也会使好事变为坏事。

有些人因第一次干某种事情，干得不好，你应该怎样说他呢？不管他有多大的毛病，你应该说：“第一次有这样的成绩就不错了。”这适用于第一次登台、第一次比赛、第一次做饭、第一次……你这种赞扬会让他深刻地记一辈子。

以赞美来激励，激起他的自尊心，他一定会努力做得更好。要知道，让他自己督促自己，总比你用命令督促他要好得多。

真的，在赞美别人时，我们或许根本想不到一句转瞬即逝的话会有如此深远的影响。

一言之善，贵于千金。

当一个人遇上了不幸，沉浸在悲伤中时，就很难听进别人的话，这时，如何说话，并能让他愿意接受，同时还能帮助对方成功地走出阴影，是安慰一个人的关键。

小吴从大学一年级开始谈恋爱，三年了，不久前不知何故女朋友跟他吹了。他很伤感，一蹶不振。他父亲的一位朋友李老师知道此事后，特地赶来做疏导工作。李老师一见面就说："我知道你失恋了，是来向你祝贺的！"

小吴很生气，转身就走。李老师说："难道你不问问为什么吗？"小吴停下来，等着听李老师的下文。李老师说："大学生都希望自己快点成熟起来，失败能使人的心理、思想进一步成熟起来，这难道不值得道贺吗？大学生的恋爱大多数只能属于非婚姻型，一是大学生在学习期间不允许结婚，二是很难预料大家将来能否在一起工作。这种恋爱的时间又很长，随着知识的积累，人慢慢成熟了，就有可能重新考虑对方，恋爱变局也就悄悄发生了。应该说，这是大学生心理成熟的一种重要标志，你这么放任自己的感情，是心理成熟还是不成熟的表现呢？另外，越到高年级，大学生越倾向于用理智处理爱情。这时，感情是否相投，性格是否和谐，理想和追求是否一致，学习和工作是否互助互补，都会成为择偶的标准，甚至双方家庭有时也会成为重点考虑的条件，这就是择偶标准的多元化，这种标准多元化更是大学生心理成熟的表现，也符合普遍规律。你女朋友和你分手是不是出于择偶条件的全面考虑？你就没有全面考虑你的女朋友吗？如何处理你这种感情的失落，你该心中有数了吧？”

李老师先设置悬念——“祝贺你失恋”，把小吴从感情的泥沼中“唤”了出来，然后通过合情合理的分析，唤醒他的理智，多次用“大学生失恋不一定是坏事，在失恋之后学会处理情绪是心理成熟的标志”的观点来加以点拨。李老师就是一步步唤醒小吴的年龄意识，使他意识到该是用理智来处理感情问题的时候了，从而约束自己的感情，恢复心理平衡。

人有时陷入悲伤，是因为自我意识没有被唤醒。人的自我意识有很多种，比如年龄意识、性别意识、社会角色意识等。拿年龄意识来说，一般情况下，人可能过了某个年龄阶段就该出现某种心理特征，但有的人却迟迟不出现，这时，你只要点拨他一下，他就会醒悟。正确的自我意识一旦被唤醒，人也就会从悲伤中振奋起来。

“讥讽”对方收奇效

在一些特定的场合，如果普通的语言难以奏效的话，那你就要考虑一下使用一些不一般的语言了，比如说讥讽。讥讽，在交际性语言中是一种有较强刺激作用和感情色彩的表达方式。讥讽并不全是贬义的，有时候，用得好的话，能够收到一般语言所不能得到的效果，关键就在于你怎么去用它。

在赤壁之战后，蜀、吴两家都在争抢曹操先前的地盘，在南郡尤为激烈。当周瑜带兵到达南郡时，恰好刘备也带兵到了。周瑜问：“刘备在这里安排部队，难道是打算攻打南郡吗？”刘备说：“听说都督要攻打南郡，特地来助一臂之力。如果你不攻打的话，刘备就要攻打了。”周瑜笑着说道：“我们东吴早就打算吞并汉江一带的地盘，现在南郡就好像是在手中一样，怎么会不拿下呢？”刘备说：“胜负不可以预先料定。曹操在临近退兵回去的时候，特地安排了曹仁这样的大将在这里留守，同时必然还安排了特别的计策（来守住南郡）。再加上曹仁本来就是一员勇将，恐怕都督很难称心如意。”周瑜说道：“如果我攻打不下来，到那里，随便你来攻打就是了。”刘备说：“鲁肃、诸葛亮在这里可以作证，都督你可不要反悔。”周瑜说：“大丈夫一言既出，又怎么能够反悔呢？”诸葛亮说：“都督你这句话，很是公平。就先让给你们东吴去攻打吧，如果到时打不下来，再让我们去攻打，有什么不可以的呢？”

本来，攻打南郡是东吴自己的事情，根本不关蜀汉什么事，然而，周瑜错就错在把诸葛亮当作一生的对手，为了和诸葛亮争个输赢，见个高低，于是赌气接受了诸葛亮的“讥讽”，决定提前攻打南郡。如果准备充足的话，周瑜应该说是有一定胜算的。然而诸葛亮一“讥讽”周瑜不能够打下南郡，周瑜立刻就上了当，成了诸葛亮的马前卒，提前攻打南郡，逼着曹仁把曹操所授的秘计提前暴露给刘备和诸葛亮看。最终的结果大家都知道，周瑜因此一战而身亡，最大的赢家还是诸葛亮。

跟诸葛亮学说话

讥讽性谈吐具有含蓄、幽默、风趣、辛辣的特点，是一种“攻击”性语言。它通过比喻、夸张、反语等修辞手法，来表达说者的轻蔑、贬斥、否定的思想感情，能收到揭露丑恶、戏弄无知、回击挑衅等交际效果。

在交际场合中，人身攻击之类的不愉快事件是难免的，如果你不想吃哑巴亏，讥讽将成为你防身的盾牌。

反唇相讥必须藏中有露，露中有藏，尽藏则不知所云，尽露则赤膊上阵了。

萧伯纳的《茶花女》准备上演了，他派人给丘吉尔送去两张票，并附上一张短笺："亲爱的温斯顿爵士，奉上戏票两张，希望阁下能带一位朋友前来观看拙作《茶花女》的首场演出，假如阁下这样的人也会有朋友的话。"

丘吉尔回复道："亲爱的萧伯纳先生，蒙赐戏票两张，谢谢。我和我的朋友因为有约在先，不便分身前去观看《茶花女》的首场演出，假如你的戏也会有第二场的话。"

一个嘲讽政治家只有对手，没有朋友；一个反讥戏剧家的戏剧可能短命，不会长寿。讥中含趣，乐中有戏。

对于生活中的蓄意挑衅，也可以运用讥嘲维护自己的尊严。

有这样一个故事：英国作家萧伯纳一次坐在沙发上沉思，他身边的一位美国金融家说："萧伯纳先生，如果您让我知道您正在思考什么的话，我愿意给您一美元。"

"我的思考一美元也不值。"萧伯纳看了他一眼。金融家感到很得意。萧伯纳话锋一转说："我所思考的正是你。"金融家本想戏弄萧伯纳，没想到自讨没趣。

当然，讥讽要掌握分寸。讥讽之言是不宜随意使用的，需要区别对象、场合。

讥讽之言就其动机来说，有善意与恶意之分。对敌人的讥讽要针锋相对，不留情面；而对一般人的讥讽，则应是善意的。通过讥讽之言，意在引起对方警觉，绝不是为了出对方的洋相，拿对方取乐。

更不要以为自己会讥讽，就到处挑战，稍不如意，就对别人挖苦讥笑，恶语中伤。这样不但伤害了别人的感情，而且也使自己孤立，或成为众矢之的。

要记住，讥讽像一把双刃剑，它可以使你受益，也可以使你受损。用得恰当，它是利器，用之不当，便会成为“惹事牌”了。

屡用不爽的激将法

激将法古而有之。

激将法虽然好用，但也极容易用过了头，效果会适得其反。作为一种技巧来用，激将法当然要用得恰到好处才行。不过，这其中的分寸把握，就是一个难点。

在《三国演义》中，诸葛亮对于激将法的运用，可以说是非常的多，难得的是，他的每一次应用都恰到好处，这就是一种水平了。

当黄忠老将军打败了张颌之后，魏国很快又派遣夏侯渊为继任。黄忠正在作战的兴头上，准备继续去作战。诸葛亮就给黄忠提了一些条件，黄忠很痛快地答应了，然后就要领兵出发。诸葛亮急忙制止他道："老将军你虽然很英勇，但是这个夏侯渊不是（曾经败在你手下的）张颌所能比的。夏侯渊非常懂得谋略，又深知用兵时机的选择，曹操把他看作是抵挡西域的一堵墙一样。他过去曾经驻扎在长安，专门防御马超；现在又接受重任来到汉中。曹操为什么不用别人，而只用他一个，就是因为夏侯渊是一个大将之才。如今将军你虽然战胜了张颌，但不知道你能不能够战胜夏侯渊。我正在寻找一个人去荆州顶替关羽回来，只有他才能抵挡夏侯渊。"黄忠很不高兴地说道："过去的名将廉颇即使到了八十岁，一顿饭还能吃一斗米、十斤肉，各国的诸侯听说他的威名，都不敢（在他活着的时候）侵略赵国的边界；何况我还不到七十岁呢？军师说我年纪大，我现在连副将都不需要，只率领我的部下三千人去，马上就能砍下夏侯渊的首级，献给军师。"诸葛亮告诉刘备道："这样的老将如果你不用言语激他，即使有这个能耐也不会成功。既然他已经去了，那就得再派兵去接应他（以免有个闪失）。"

虽然黄忠打败了魏国名将张颌，但那次作战也有一定的侥幸成分在里面。如果听任黄忠以同样的心态去对付不同的敌人，很可能就会吃亏，所以诸葛亮利用激将法，着重强调了夏侯渊的与众不同处，也等于是提醒黄忠，夏侯渊所擅长的地方。黄忠经此一激，必会打起十二分的精神去对付夏侯渊，再加上诸葛亮派去接应黄忠的部队，打赢这一仗也是在意料之中。

跟诸葛亮学说话

某战士入伍后，工作积极主动，学习勤奋，并且有一定的组织能力，被提升为班长。但是小伙子因此产生了骄傲自满的情绪，处处以佼佼者自居；

另一方面又看到连队中很多老班长、老战士都没入党，于是感到不知何时能排到自己头上，因此又产生了悲观、松懈心理，使当初搞得有声有色的班内工作明显下降。指导员想劝劝他，于是找他谈话，问他：“实践证明，你是个好战士，但不是个好班长。或者说，你的能力还不能胜任班长工作。你自己怎么看呢？”

小伙子的自尊心受到了刺激，觉得被人瞧不起了，于是当即表示：“我相信，我有能力带好一个班。两个月内不改变现状，我情愿辞去班长职务。请首长考验！”

从此，这个战士丢掉了私心杂念，一心一意努力工作，使班里的工作重新遥遥领先了。

指导员用的技巧就是激将法。这种方法就是利用人自尊心强的特点，将自信、自尊强烈地刺激起来，诱导其努力维护自己的尊严。激将法对那些上进心和自尊心强的人，比较管用。

某所大学为建造物理实验大楼，要募捐100万元。为此，精明的校长想出了一个绝妙的路子。

在一个适当的时机，校长造访了一位曾在这所大学就读过的大亨，校长说：“在考虑募捐这件事时，学校管委会首先想到了您，一致认为您会热情支持。不过，您的老朋友，也就是您在这所学校读书时的同学W先生，也非常渴望能为学校做点贡献。”校长还没回到学校，一份100万元的捐款已经划到了学校的账户上。

这个W先生是这位大亨的老同学，但非好朋友，他们两个人曾经为了生意上的事儿发生过矛盾，至今，这位大亨还在生他的闷气。精明的校长当然了解这层关系，他是装作糊涂，将了大亨一军，使得大亨慷慨解囊。为了不让那个W先生横插一刀，这位大亨“抢”着付了款。

这一招叫激将法，就是利用一定语言技巧，刺激对方，激发对方的某种情感，使对方的情绪波动或心态变化朝着你所期望的目标发展。在争强好胜的人面前，这一招往往能出奇效。在这类人面前，言及他的“对手”如何如何，提到这个人以前做过什么难堪事，表述他的家人、亲人如何不好，亦能有效地刺激对方。这种激将法如果用得恰当，能使求人者顺利地达到目的。

拍拍下属的马屁

要想当好一个领导，在适当的时候拍拍下属的马屁也是很有必要的。下属如果听到领导拍他的“马屁”，一般情况下都会受宠若惊，更加努力地去干好分内工作。不过，这样的马屁要拍得不露痕迹，既让其知道，又不能失了自己的身份，这样才能达到目的。做到前面一点很容易，做到后面一点就有点难度了。

当魏国联合五路大军进攻蜀国时，诸葛亮在寻找可以出使吴国的人（以便劝退吴国的军队）。经过诸葛亮的筛选，最终邓芝进入了他的视线。

诸葛亮问邓芝：“现在的形势是魏、蜀、吴三国成鼎足之势，如果想要讨伐其他两国，进而统一天下，那么应该先讨伐哪一个国家呢？”

邓芝说道：“以我的想法：魏国虽然被公认为是汉朝的奸贼，但是他的国力强大，短时间内很难把他彻底消灭。况且现在我们国家的新皇帝刚刚登基，民心还不是很稳定，就应当先与东吴结交，互为依靠来抗拒魏国的入侵。这才是长久的计划。不知道丞相你意下如何呢？”

诸葛亮说：“我考虑这个问题已经很久了。无奈没有找到这样的人，今天才找到这个人！”

邓芝问：“丞相打算派遣何人前往东吴呢？”

诸葛亮说：“我想派人出使东吴去和东吴结交。你既然很清楚地知道我的打算，必然能够不辜负这个重托。出使东吴这个重任，非你莫属了。”

邓芝说：“我才能浅薄，学识不够，恐怕不能够完成这个任务。”

诸葛亮说：“你的才能足以担当此次重要的任务。我很快奏明天子，请你去东吴走一趟，希望你千万不要推辞！”邓芝欣然领命。

在平时，选派一个出使吴国的人很容易，因为两国的关系是联盟；然而在吴国准备对蜀国出兵时，选派一个敢于出使吴国的人，是不太容易的，因为两国的关系等于是敌对。这个人既要有见识，还要有胆略，更要有随机应变的能力。诸葛亮经过认真挑选，终于找到一个合适的人选——邓芝。然而邓芝还在谦虚，不愿意轻易接受这个重大的使命，于是，诸葛亮适当地“夸”了他两句，邓芝就不再坚持，欣然领受了出使东吴的使命。诸葛亮的激将法又收到了效果。

跟诸葛亮学说话

有些下属经常对领导溜须拍马，并以此为天经地义的事。而要让领导拍下属的“马屁”，就有点儿让人难以接受了。其实，出于把单位或者部门搞好的目的，领导对下属奉承也是在理的。

例如，有一件任务是领导者和其他任何下属都做不来的，要做成此事，只有一位下属有可能。那么，做领导的就应该积极主动地走过去，对这位下属多做激励，夸奖几句，给下属以赞美从而使其获得信心，更有助于任务的完成，也有利于增进领导和下属之间和谐稳定的关系。

第四章

破术

——推云拨雾，柳暗花明

一语点破对方的谎言

当你明知对方说的是谎言时，你该如何应对？是当面揭穿，还是事后暗示？是一语点破，还是借题发挥？这些都能显示出你是否具备口才与智慧。假如你在社交活动中遇到这样的情形，而你又不知如何面对的话，那么，你就要向古人学习了。准确地说，是向诸葛亮学习了。

诸葛亮在东吴舌战群儒时，面对虞翻的谎言，他又是如何应对的呢？

虞翻："现在曹操率领百万大军和上千员能征善战的大将，对江南虎视眈眈，并且已经吞并了江夏，你对这样的形势有什么样的建议呢？"诸葛亮说道："曹操带领着原来收容的袁绍的老弱残兵好像蚂蚁一样聚在夏口。你向人求教当前的形势，却大言不惭，拿这样的话来欺骗世人！刘备率领数千名仁义之士，又怎么能够抵挡曹操百万残暴的部队？之所以退守夏口，只不过是在等待时机罢了。现在的江东兵员精良，粮草充足，又拥有长江这样的天险，（像你这样的谋士）还在想方设法使你们的主公投降曹操，根本不顾及天下人的耻笑。从这个角度讲，刘备还真是不害怕曹操！"

面对虞翻故意夸大曹操实力进而为自己投降的主张找借口的说法，诸葛亮根本就没有上当，而是毫不客气地一语点破，指出他投降主张的可耻。虞翻当场就被驳得哑口无言，无言以对。

跟诸葛亮学说话

首先，你要意识到对方说的是谎言，然后，敏锐地抓住对方谎言中的漏洞，予以言语上的反击，使对方无法自圆其说，从而成功识破对方的谎言。

在具体应用时，识破谎言的方法有多种，就看你如何运用了。

（1）一点突破法

一天，我国海关人员从某国一名水手的皮箱里发现一瓶可疑的牙痛粉，经鉴定是毒品，海关人员立即传讯了这名水手。

“你知道这是违禁毒品吗？”

“哦，对不起，这不是我的，是一名华侨旅客托我带的。”

“他是在什么时候什么地方交给你的？”

“前天晚上，我正在甲板上升国旗，忽然发现挂倒了，正在重新挂的时候，这位旅客走上来交给我的……”

“你升的是中国国旗？”

“我们是英国商船，升的当然是英国国旗。”

海关人员说：“够了，先生，你编造的故事太离奇了。按常规，轮船早上升旗，晚上降旗，你说晚上升旗，显然是假话！”

某国贩毒者无言以对。这里我国的海关人员敏锐地抓住了他编造的谎言中的疑点，运用“一点突破”的技巧，击中了对方的要害，迫使对方低头认罪。

当对方说谎的时候，他的谎言总是难以自圆其说的，你只要敏锐地捕捉住其中的蛛丝马迹，再予以一点突破，对方的谎言自然就能被你揭穿了。

（2）名抚实吓法

有家生产乳制品的大厂，某日来了一位怒气冲冲的顾客，他对厂里的负责人说："先生，我在你们生产的乳制品中发现了一只活的苍蝇，我要求你们赔偿我的精神损失。"说完这位顾客提出了一个近似天文数字的赔偿数目。

负责人一听，就知道这是一个讹诈的骗招，十足的谎言。因为他们厂的乳制品生产线上所有接触产品的容器都是密封的，而且他们对厂内卫生的要求已近乎苛刻，所以根本不可能有苍蝇出现。面对这样的骗子最简单的办法就是当面揭穿谎言并把他轰走，但这样做也许会使骗子恼羞成怒，到处造谣。稍作思索后，这位负责人便很有礼貌地请这位顾客到远离员工的一间会议室里坐下来详细谈谈。这位顾客以为有机会得逞，不禁得意扬扬。

当这位顾客一再强调他在乳制品中发现了活苍蝇时，负责人很有风度地说："先生，看来真有你说的那么回事，这显然是我们的错误。你放心，你会得到合理的赔偿，由于这个问题关系重大，我们绝不会忽视。这样吧，你稍微等一下，我马上下令关掉所有的机器，以查清错误的来源。因为我们公司有规定，哪一个生产环节上出现失误就由哪一个环节上负责。待我把那位失职的主管找出来，让他给你赔礼道歉，并对其予以重处。"

说完后，负责人一脸严肃地命令工程师："你马上去关闭所有的机器，然后停产检查。虽然我们生产流程中不应该会有这样的失误，但既然这位先生发现了，我们就有责任给顾客一个满意的答复。"

那位顾客本来只是想骗取一些钱财，并没有想到自己的谎言会引起如此严重的后果，顿时担心自己的诡计若被识破，他会因此承担整个工厂因停工而造成的重大损失，那么即使他倾家荡产也可能赔不起。于是他开始感到害怕，嗫嚅道：“既然这么复杂，我想就算了，只是希望你们以后不要再发生类似的事情。”他给自己找了个台阶，忙不迭地溜走了。

面对欺骗和讹诈，高明的负责人并没有草率行事，而是运用冷处理的方法，先让对方尽量“熄火”，然后采取名抚实吓、柔中带刚的方式逼其知难而退。生活中不乏这样的例子，有些人拿着谎言来敲诈，对付他们就可以采取这种“名抚实吓”的技巧，先佯装顺着对方，在温柔的话中隐藏着“杀机”，以镇住对方，让对方自知无理，自行告退。

谎言本身就存在着漏洞，倘若你没有经验，让谎言轻易蒙混过关，显然会对你造成不必要的损失，有时这样的损失甚至是致命的。所以，你很有必要掌握上述的应对谎言的妙方。既要会辨识谎言，又能迅速反应，将其攻破。

棘手问题巧应对

这个世界上，总是会有一部分人去刁难另外一部分人，而你作为社会中的一员，必然不可避免地要面对这些场面。这时候，就是考验你口才的时候。一方面，你要得体地应对，圆满地回答对方的问题；另一方面，你还要注意言辞，不给对方留下可乘之机。这样回答的难度可想而知。不过，要想使你的社交活动成功，你就要想方设法实现这个目标。

如果你无法办到，那就看看《三国演义》里的社交高手诸葛亮的表现吧。

在赤壁之战前，诸葛亮受到周瑜的处处刁难。

周瑜问诸葛亮："这几天就要与曹操交战，在水面上作战，哪种兵器是最重要和最有效的呢？"诸葛亮说："在大江之上，当以弓箭最为有效。"周瑜说："先生所说的话，十分合乎我的心意。但是现在军中正好缺乏箭支，希望能麻烦先生去监工造十万支箭作为对敌作战的兵器。这是公事，希望先生不要推辞。"诸葛亮说道："都督派遣我担当这样重要的任务，我理应效劳。不过我想问一下，这十万支箭，都督什么时候要？"周瑜说："十天之内，你能把箭造好吗？"诸葛亮说："曹操的部队随时都会来进攻我们，如果等候十天的话，那可是会耽误大事的。"周瑜问："那么先生预计几天可以完成这项任务呢？"诸葛亮说："只需要三天，我就可以向你交纳十万支箭供部队使用。"周瑜说道："在军中可是不能够开玩笑的。"诸葛亮说："我怎么敢拿公事和都督开玩笑呢？我可以立下军令状，如果三日之内办不好这件事，甘愿受罚。"周瑜大喜，叫来主管文书的官员，当面订立了军令状，随后摆下酒宴款待诸葛亮。周瑜道："等到这件事办成之后，我必定会重重的酬谢先生（到时拿你的脑袋作为礼物）。"诸葛亮说："今天已经来不及了，从明天算起，到第三天，可以派遣五百名士兵来江边搬运十万支箭。"……鲁肃疑惑地问道："诸葛亮难道是设好了一个圈套让我们钻吗？"周瑜说道："他自己找死，不能怪我（心狠手辣）逼他。他现在已经在众人面前立下了军令状，哪怕他两肋之下生了翅膀，（完不成任务）也是逃不掉的（根本就没处可逃，这时的刘备和诸葛亮连个容身之地也没有）。现在我只用去吩咐士兵工匠们，让他们故意拖延不好好干活，凡是造箭所需要用到的东西，都不给他准备充足。这样的话，诸葛亮到时一定完成不了。到那时再治罪于他，看他还有什么话说（前一番舌战群儒，说得江东众谋士哑口无言）？你可以在这几天内去他那里探听他的动静，然后回来向我汇报。”

……

再说诸葛亮回到船里对鲁肃说道：“每条船上大约有五六千支箭，二十只船就有十万多支了。这并没有耗费江东半分人力和物力，就平白得到了十万支箭。等到来日与曹操交战时，用这些箭去射杀曹操的军队，这是多么的容易啊！”鲁肃说：“先生你真是神仙啊！你怎么知道今天会有大雾的？”诸葛亮：“作为一个领兵的统帅，不知道看天文，不明白利用地利，不懂得一些奇门八卦，不通晓变化，不会看阵图，那就是一个庸才。我在三天以前就知道今天要起大雾，所以当时才敢夸口在三天以内造出十万支箭。周瑜原本打算让我十天内造出，但又故意在后边扯我的后腿，需要用的东西和工匠等，都不给我准备齐全，然后到时候以这样（愚蠢）的借口，来除掉我。我的命只有天能够决定，他又怎么能够害我呢？”鲁肃十分服气。

当诸葛亮遭到周瑜的刁难时（十天内造十万支箭），他明知这是不可能完成的任务，还是满口应承了下来，并且把日期缩短到三天，这令周瑜大喜，以为找到了迫害诸葛亮的大好良机。其实，事情的一切都在诸葛亮的掌握之中。当诸葛亮巧施妙计（草船借箭），顺利完成任务后，周瑜顿时哑口无言。对周瑜的回答，更是天衣无缝。诸葛亮不但在事前使周瑜得到满意的回答，而且在事后还不忘告诫周瑜，不要再随便想法加害于己，同时也给鲁肃上了一课，一举数得，岂不快哉！

跟诸葛亮学说话

不管你是要回答记者们带有试探性的问题，还是面对怒不可遏的顾客、心怀不满的雇员或者是爱寻根问底的竞争者提出的尖刻的问题，只要肯动脑，你总会找到办法回答的。

沃尔特·列士敦刚刚宣布自己从市银行总裁的岗位上退下来，就有记者向他发问："如果保尔·伏尔克辞职的话，联邦储备银行的职位会使你感兴趣吗？"

列士敦说："没有人这样问过我。"

记者说："现在我就想这样问你。"

列士敦说："过去教过我的一位历史学教授曾告诫我，绝对不要回答那些虚拟的问题。"

只用了精心挑选的寥寥数语，列士敦就得体、幽默又不无权威地对一个可能令人窘迫的问题做出了回答。诸如此类的巧妙应答当然不是容易做到的，即使是知名度很高，又有丰富经验的领袖人物，也往往因为遇到特别棘手的问题而茫然不知所措。

下面列出善于思索、反应灵敏的人士应对棘手问题最常见的几种形式：

（1）假设型问题

"如若你不能按期移交工作怎么办？"

许多人常常会陷入"如若……怎么办"之类的问题，都感到很难问答。明智的人却不会被这类问题逼得走投无路；相反他们会采取积极的态度。下面就是一位广告公司经理回答此类问题的一则实例。

问："如果公司整顿搞不成怎么办？"

答：“我们花6个星期筹划公司整顿事宜，我们打算搞好它。”

（2）“是与否”的问题

“由于这个原因，你们将雇更多的人来干活，是不是？”

如果你急于用“是”或“否”来回答这类问题，那你被逼入死角也是咎由自取。明智的人知道，在这种情况下，自己完全有权利谈出自己的看法并做出解释。试看一家印刷公司的主管是如何回答上述问题的。

“现在我们正在研究来年的生产计划，看看我们的人手是不是够了。如果我们需要雇更多的人，那我们一定会考虑的。”当然，回答这样的问题也不宜讲得太多，讲多了反而有“含糊其辞”之嫌。

（3）“你认为某某怎么样”的问题

“你认为这位房地产经纪人将对指控做出什么样的反应？”

明智的人往往避免对别人会说什么或做什么做出预言，因为他们知道自己无法控制别人。但是，我们可以控制自己的言论。可取的回答是：“关于那位房地产经纪人的情况，我确实一无所知，你们得问他本人。”

在一次记者招待会上，记者问里根是否相信这样的说法：苏联人认为他会连任总统，所以想和他会晤。里根总统回答：“究竟什么原因（使他们想和我会晤），你得问他们。”

（4）“何者为最”的问题

“你可以列出你们人事部门最关心的两大问题吗？”

对此类问题要小心。虽然问题听上去很简单，但是如果掉以轻心、随便应答，那你可能会后悔莫及。一家公用事业公司的人事经理曾直率地回答这个问题：“我们最关心的是生产率和吸毒问题。”殊不料，该公司一位女性雇员当即跳出来责问他：“这么说，难道你就不关心给妇女平等机会的问题？！”为了避免陷入这种窘境，明智的人会这样回答：“我们最关心的是这样一些问题，比如……当然我们也不会忽视给妇女平等机会的问题。”

（5）“非问句形式”的问题

“我很欣赏你的训练计划，但是我并不认为我现在就需要一位私人教练。”

对这种斩钉截铁、毫无回旋余地的答复，不妨将其先改成问题，然后陈述自己的主张给以回答。纽约有一位健身咨询顾问，对来自客户的抵制之声一向胸有成竹。当客户对她讲，他们不需要家庭授课时，她是这样做出反应的：“你们一定也有这样的疑问：从你的家庭授课中我能得到什么呢？”接着她便侃侃而谈其适应不同需要的健身服务项目的益处，以打动对方，争取使对方改变立场。

（6）“私下里随便谈谈”的问题

“请你和我谈谈——这是咱俩私下随便聊聊，不要顾虑——关于那项工程建设你还有什么问题吗？”

如果你认为这只是小范围的晤谈，或认为只是在跟一些耳目闭塞的人讲话，所以尽可能讲得自由、随便一点，那你就很可能上当，且悔之晚矣。何以见得？因为当你对任何一个问题做出回应时，你都应当把你的回答看成可能被传出去的，而事实上也确有这种可能性。所以明智的人会这样抵挡：“无论如何那不是应该私下解决的问题，还是大家开会一起商量的好。”

（7）“非此即彼”型问题

“对你们公司来说什么更重要——是重新装修董事长办公室呢？还是修缮职工食堂？”

没有哪一条规则规定你必须选择A或B，所以你尽可这样回答，“两者对我们来说都很重要”，或者“这正是我们今年要着手改进的两项工作。让我再跟你讲讲其他的吧”。下面是一位行政长官在记者招待会上对付一个“非此即彼”型尴尬问题的实例。

记者问：“琼斯太太，你是另有他就还是被迫下台？”

琼斯说：“昨天下午5点钟我正式提交了辞呈。”

（8）带有“为什么”的问题

“大凡销售员都差不多，为什么我非买你的货不可？”

一听到这个“为什么”，你就首先应该设身处地考虑一下，对方需要什么？如何投其所好？请看一位健康食品推销员罗宾斯坦是怎样回答上述问题的：“我不强调价格，因为大多数推销员的索价大同小异。我要告诉顾客，他们和我打交道不会吃亏，使顾客都愿意跟我做生意——那才是销售产品的决定因素。”

（9）“非真实前提”型问题

“既然你手下的人已经延误了交货，你打算采取什么措施来弥补？”

当你听到一个不真实的前提时，你应该立刻纠正它，不要让它毫无异议地滑过去，否则你会给人留下同意这个前提的印象。如果必要的话，你可以打断对方，稍稍提高嗓门，甚至举手示意对方别再讲下去。然后你可以这么回答他：“对不起，史密斯先生，情况可并不是像你说的那样，我可以给你看看你寄来的订单。”

（10）“开门见山”的要求

“那么，跟我讲讲你们公司（你们以前的工作或你们的新生产线）的情况吧。”

一个“开门见山”的要求往往给你提供了一个很好的宣传自己的机会。

你可以准备一些短小精悍而又能高度概括的讲话腹稿，以便伺机出击。当有人问起“宾夕法尼亚人”合唱团的情况时，该团领导人弗兰德·沃伦就曾这样回答：“我们唱的歌将永远留在听众心里。我们干得比谁都要好。”

只要肯动脑子，积极借鉴别人的长处，不断提高自己的表达能力和应变能力，遇到特别棘手的问题时，你也会应付自如，而不会遭遇茫然不知所措的尴尬。

提纲挈领，巧妙点题

用什么样的语言说服别人，不外乎两种方式：促膝长谈，娓娓道来，动之以情；巧妙点化，一针见血，晓之以理。而后一种方法使人豁然开朗，顿时领悟，从而达到说服的目的。

东吴周瑜定下计策，以和亲的名义让刘备赴东吴，要加害刘备。刘备就此问题请教诸葛亮。

诸葛亮说：“孙权派来的使者的来意我已经知道了。刚才我算卦，得到了一个大吉大利的预兆，主公尽可以答应他。先派遣孙乾和吕范去回见孙权，当面答应他，等到选定一个好日子就去成亲。”刘备说：“周瑜定下这样的计策必然是为了想谋害于我，怎么能够轻易进入虎口呢？”诸葛亮大笑道：“周瑜虽然善于用计（那要看他面对的对手是谁了），他的计策又怎么能够出乎我的预料呢？我随便用一个小计策，就可以使周瑜的计策无法施展；吴侯的妹妹又可以成为主公的夫人，荆州同时也万无一失。”诸葛亮一席话，说得刘备豁然开朗。

东吴请刘备去东吴和亲，明摆着是计，然而在用计高手诸葛亮面前，这样的计策简直就是小儿科。诸葛亮用言简意赅的几句话，就点明了东吴的计策，同时又提出了应对的方法，使东吴的“妙计”成了为蜀国献上的厚礼。刘备听完诸葛亮的话，疑虑全消，欣欣然去赴东吴之约，再无后顾之忧。诸葛亮的口才可谓高明。其结果大家都知道：东吴“赔了夫人又折兵”。

跟诸葛亮学说话

要想说得巧妙，就必须先了解对方的意愿，抓住关键，以巧妙的语言，或者说服别人，或者反驳对方。这种高超的语言艺术，不是出于主观臆断，而是对客观规律的巧妙适应，在此基础上方能进一步发挥。

心病还需心药医

要想把对方心中的死结打开，就必须以攻心为主，同时辅以其他手段，方可顺利达到目的。然而在口才术中，数攻心术最为难用，用得不好，或者攻偏了方向，就会给对方更多的借口拒绝你的建议。在工作中，适当的攻心术可以起到锦上添花的作用，对工作的开展有着强劲的推动作用。

我们不妨向个中高手诸葛亮学习学习。

当诸葛亮劝刘备自立为帝时，刘备拒绝了。诸葛亮微微地叹了口气说道："我自从隐居的茅庐走出来，就遇上了主公你，一直跟随至今，主公对我可谓是言听计从；如今很幸运地为主公争得了两川的地盘，总算没有辜负我过去曾经对你做过的承诺。如今曹丕偷走了汉家刘姓的皇帝之位，眼看着汉朝的命运就此断绝。文武百官都想尊奉大王为皇帝（以传承汉朝），以消灭掉曹丕这样的窃国奸贼，兴盛刘姓的帝业，然后在大王你的手下凭借功劳得到一些报偿。没有想到大王你却坚决推辞（不肯做皇帝），众官都有怨言，再过些时间他们的心就散了。如果文武百官无心出力，倘若吴国、魏国一起来攻打我们，两川这样的地方就无法保住了（到时别说皇帝，连个普通百姓恐怕也做不成了）。我又怎么能够不担心呢？"

刘备说："我并不是有意推辞，而是怕天下人说我（没有资格做皇帝）。"

诸葛亮说："古代的圣贤之士曾经说过：名不正则言不顺。如今大王你做皇帝是名正言顺，天下人有什么好议论的；难道你没有听说过如果天给你的东西你推辞不要，反而会受到上天的惩罚吗？"

刘备这才说道："等到丞相你的病好了以后，再行礼（以继承皇帝）。"

诸葛亮说："大王既然已经答应了（做皇帝），那就可以搭起高台选择一个好日子，以便行大礼（完成做皇帝这件事）。"

面对自立为帝这样的大事，刘备自然是有一定顾虑的：一是怕为帝后，招致吴、魏的联合打击；二是怕天下人说他没有资格。针对这些顾虑，诸葛亮从他所担忧的事情入手，一番话说得刘备再无推辞，只能答应。

跟诸葛亮学说话

攻心不一定是下级对上级，也可以是上级对下级。

做领导容易，做好领导并不容易，特别是做一个受下级尊敬爱戴并信任的好领导就更不容易了。领导和部下之间因为职位的不同导致了地位的不同，但地位不同并不代表着人格有差别。做一个好领导需要摆正自己与部下的位置，把部下视为良朋知己，而不是奴仆。做一个平民领导，放下架子，善于听取部下的意见，善于接受人家正确的批评，就能消除部下隐藏心底的防线，获取对方的尊敬和信任。部下也会因此更加卖力工作。

办公室新来了一个小伙子，此人文静秀气，少言寡语，只知埋头默默地工作，很少与人往来。其他同事见他这样，也对他很冷淡。长此下去，对办公室的工作开展很不利。

怎么办？办公室主任看在眼里，急在心头。

没几天恰好有人过生日，在主任的授意下，几个同事软磨硬缠把他拖了去，席间他坐在主任旁边。酒过三巡，大家都微有醉意，气氛有些热烈起来，谈论的话题慢慢地转到这位新人身上。接着主任话头一转，点出他过于沉闷了，应该活跃一些，和同事们多多接触，搞好关系，因为团结才是做好工作的前提。这位新人听了神色黯淡下来。

过了一会儿，他悄悄地对主任说：“主任，不是我不想活跃一些，只是我心里苦啊！”

好，有戏。主任用眼神鼓励他说下去。

“在转来前的一家公司，和我相恋了三年的女朋友竟然跟我们公司一个有钱的帅哥跑了。我恨透了他们，恨她薄情寡义，恨那种平时跟你称兄道弟，谁知却对你不仁不义的小人。我现在心都冷了，过一天算一天吧。”

找到病因就好办。主任先肯定了他愤世嫉俗是作为一个正直人应有的行为。然后又开导他应向前看，从好处想，世上并不都是坏人，再说和那种无情无义的人分了也不可惜。

从那次生日派对以后，小伙子慢慢地开朗起来，对人也更热情了。

所以，当领导的如果以为自己职位高一些，就对部下发号施令，指手画脚，只能影响了你和部下的关系，使部下离心。相反，与部下打成一片，则更显示出你作为领导的风度。倾听他们的谈话，了解他们的性格，满足他们的需要，赞扬他们的优点，只会使领导者工作起来得心应手。

每一位领导都有自己的威严，威严是职位形成的。同时，平日的批评、命令也表现了你威严的一面。但是只有威严的领导是不全面的，对于开展工作也不利。因为对这样的领导，员工一般是敬而远之。如果一个领导想赢得员工尊敬的同时还想令对方信任的话，“恩”是必不可少的。可以说，赞美就是一种“恩”，了解下属的疾苦，关心他们的生活，也是“恩”的表现。

和蔼地、诚恳地倾听部下的谈话，聆听他们的喜怒哀乐，将会使他们心悦诚服地服从你的领导。倾听中你了解到了他们的喜好，明白他们的特长或特点，你将做到知人善任，胸有成竹。你可以在平时要用威严暗示他们你的职责所在，同时用你的关心告诉他们你对部下的尊重与重视。

如此，你亦会是一个出色的领导。

如法炮制，以谬制谬

当你遇上一个对手，以谬论来支持他的观点时，你该如何应对？尤其是虽然明知他说的是谬论，可是你却无法揭穿他的时候，这个时候，更需要你用智慧和口才来对付这样的对手。

当诸葛亮识破了降将崔谅的诡计并将计就计反诱敌人取得最终的胜利后，他的属下邓芝问：“丞相凭什么知道崔谅是诈降的呢？”诸葛亮说：“我早已知道这个人没有投降的真心，故意派遣他回去。他必定会把这里的一切都告诉夏侯楙，打算将计就计来骗我们。我见他来时的情形，就已经知道他是诈降了，又派遣了两个将军和他一起回去，是为了稳住他。这个人如果真有心投降，必定会阻挡我派遣别人和他一起回去；他欣然同意我的做法，就是害怕我怀疑他。他的打算是让两位将军一起回去，骗他们进入城中以后，再杀掉也不晚；又让我们认为城内有接应，可以放心进城。我已经暗中叮嘱两位将军，就在城门下结果了他。城内必然会没有准备，这时我们的军队马上进城，对方必然毫无防备，这就是所谓的出其不意。”众将军都很服气。

诸葛亮面对一个假意投降的敌方将领，并没有在言语上揭穿对方的谎言，而是以谬对谬，顺着对方来施行自己的计策，从而收到出其不意的效果。当然这是在战场上，关系到生死存亡，不可以心慈手软。不过在生活中，完全可以应用得轻松一些，尤其是可以应用在幽默术中。

跟诸葛亮学说话

如法炮制术的特点在于明知谬误而不直接揭露。该术运用的一个前提条件是对方论点的荒谬性，自己将这种荒谬作为一种前提接受下来，并推出新的结论，施之于对方，令其自作自受。

一个很吝啬的公司老板叫秘书去为他买酒喝却不给他钱。

秘书问："先生，没有钱怎么买酒？"老板说："用钱去买酒，这是谁都能办得到的；但如果不花钱买到酒，那才是有能力的人。"

一会儿，秘书提着空瓶子回来了。老板十分恼火，责骂道："你让我喝什么？"秘书不慌不忙地回答说："先生，从有酒的瓶中喝到酒，这是谁都能办得到的；但如果能从空瓶中喝到酒，那才是真正有能耐的人呢！"

买酒需要钱，这是谁都明白的道理，可是老板却故意刁难秘书，给他难堪。但事实上，不用钱又想"买"到酒本身已说不通，更不用说它到底能否作为判断一个人能力的标准了。按照常规的做法，很多人可能碍于情面，打掉牙往肚子里咽，自认倒霉；有些则可能要跟老板讲一番没钱何以能买酒的道理。其实两种方法都不如这位秘书所采用的方法来得明智机巧、诙谐有趣，这就是如法炮制法。

秘书依照老板的思维模式，即用某种绝不可能达到的要求可以考验出一个人的"能耐"来，并将它与老板喝酒这件事结合起来，形成一个新的结论，即：有酒可以喝到酒不能算是有能耐，没有酒而能喝到酒才算真正有能耐。当然，这也是一个谬论，但由于它是根据老板本人的荒唐逻辑推理出来的，所以老板不能对它矢口否认。这样就轮到老板难堪了！

有一位著名的作家出身于木匠家庭，但他对此并不隐讳。

有次他碰见一个纨绔子弟。这个纨绔子弟对他十分嫉妒，高声问道："对不起，请问阁下的父亲是不是木匠？"

"是的。"作家回答。

"那为什么没把你培养成木匠？"

作家略加思索，笑着问道："对不起，那阁下的父亲想必是绅士了？"

"是的！"对方高傲地回答。

"那他怎么没有把你培养成绅士呢？"

按照纨绔子弟的逻辑，什么样的父亲应该培养出什么样的儿子，这显然是一个谬论。作家敏锐地抓住了他这个错误，却不正面揭露而是如法炮制，使其碰一鼻子灰。

一般来说，如法炮制术比一般的口才技巧富于论辩色彩，有时甚至具有很强的攻击性，因而在使用过程中有一个"度"的把握问题。若在以牙还牙、以眼还眼的同时，能缓和对方关系，便更符合口才艺术的宗旨了。

善着眼于大局

要想比对手领先一步，那就必须善于着眼于大局，从全局的角度考虑问题，解决问题。说话也是如此。

诸葛亮在隆中为刘备分析形势："自从董卓造反以来，天下的豪杰都一齐起来谋事。其中的曹操虽然气势和实力上都比不上袁绍，然而最终能够打败袁绍的原因，并非依靠天时，而是依靠出众的谋士的运筹。现在曹操已经拥有百万大军，他挟持天子，以天子的名义来命令诸侯，这样的形势不能够和他争锋。孙权占据了江东，已经经历了三代，地势险要而民众又拥戴他，这样的人只能作为后援而不能够图谋他。荆州北边依着汉水和沔水，东边连着吴国，西边和巴蜀友好往来，其地势重要是历来的必争之地，并不是它的主人不能看守它，而是天给予将军的有利资源，难道将军对它没有意图吗？益州是一个非常险要的要塞，它拥有上千里肥沃的田野，被称为‘天府之国’，是高祖成就帝业的基础。益州现今的守将刘璋软弱无能，虽然人民富裕而地方殷实，他却不知道体恤地方和百姓，以至于高人贤士都渴望能够看到一个贤明的君主来治理这个地方。您是皇室的后代，又以信义而著称于世，善于招揽英雄贤士，同时您又渴望手下有高明的人来辅佐。假若您拥有荆州和益州，倚仗其得天独厚的地理优势，和西方的少数民族和好，安抚好南方的彝族和越族等民族，在外交上和孙权结为联盟，在内政上妥加治理。一旦天下的形势有所变化，您就命令一个大将带领荆州的大军进兵宛城和洛阳，而你自己则带领益州的兵士进军秦川，当地的老百姓怎么会不欢迎将军你呢？如果按照我的计划去做，你的宏图大业就可以实现。这就是我给你的计划。希望你能够好好考虑。”刘备听完以后，起身向诸葛亮行礼：“你的一席话，使我顿开茅塞，就好比拨开了云雾后看到了青天一样。但是荆州的刘表、益州的刘璋，都和我一样是汉室的后代，我不忍心去谋夺他们的基业。”后人写了一首诗赞美诸葛亮：豫州当日正孤穷，何幸南阳有卧龙！欲识他年份鼎处，先生笑指画图中。

正是这一番言论，促使刘备下决心参与到天下的争夺中，让刘备更加坚定了把诸葛亮招到自己麾下的念头。

跟诸葛亮学说话

在当今风云变幻的商界，那些当机立断、敢说敢做的处世风格往往被人们所推崇，但很多大的决策出错都源于某些人过于爽快的反应速度。和对方谈判时，在短短的时间里，你不可能把每个问题都解决，而且往往是一些枝节问题把你缠住，不得脱身。这时，你不如洒脱地将这些小问题暂时放在一边。俗话说，大事讲原则，小事讲风格，便正是这个道理。到了后来，随着双方合作的深入，大家都不会为这些鸡毛蒜皮的小事而斤斤计较，问题也就自然而然地化解了。

为了促进生意的成功，谈判高手们往往会把双方有分歧的问题明智地搁置起来，然后再振作精神，做下一轮谈判的准备。对于那些尚没有解决的问题，可以在合同中予以明确，等待以后时机成熟时再完善。这样对于双方都有好处，因为大家都希望能维持一种长期合作的关系，而不是互相设置障碍。

纽约RPC电脑公司与FANK制作室已经合作了近五年，他们之间并没有很明确的合同，只有一纸草议的协定。但是他们之间合作得很愉快，对于一些细节上的争议，因为没有合同的约束，双方反而可以比较容易地协商而取得一致。

其实这是一种比较好的协议方式。如果你能仔细地想一下，便会明白：如果按照正常的程序，至少得起草签署一份好几十页的合同，而且为此双方还得进行无数次的商讨，对于其中的某些细节一时还无法取得一致，就必须进行下一轮的谈判。因为在合同中，任何问题都必须要清楚无误。

在没有签订协议之前，对于协议中的主要问题，FANK制作室已经用实际行动对RPC公司承担了应尽的义务。而一旦主要问题解决之后，实际操作中其他的一些繁文缛节也就微不足道了。

这些必须是在双方守信用并且诚心诚意地合作的基础上方能进行的。因为若是某一方心不诚或是蓄意欺骗，那么如果忽略这些细节，就将会导致更大的失误。没有合同的约束，对方自然可以矢口否认所应承担的责任和义务，而你吃了亏也只有压在心里，所以放眼大局，放弃细节也要谨慎而行。

有一次，一位小有名气的公司董事长与一位大富豪因一件小事情争执起来。这位董事长是位谈判高手，他以他老练的处事经验和处理方法，以协商的方式将这件事轻松地解决了。

当时，那位富豪十分生气地冲进了董事长的办公室，完全丧失了以往在新闻媒介上的风度。他对一件尚在处理中的业务横加指责，甚至用一种命令的口吻要求董事长立即就此事做出答复，否则他将告上法庭。而实际上，董事长这一方并没有什么违约的事情，只是那个富豪凭着自己的财势无事找事，抖一下威风罢了。

董事长处理此事分了三个步骤来进行。首先他很有礼貌地询问了富豪所拥有的产业项目，并且借此称赞他是事业有成的杰出人才。这一得体而不失身份的恭维使富豪的心中得到了一丝满足，于是，他的口气缓和下来，态度也不像以前那么暴躁了。

第二阶段，他趁富豪态度缓和下来之机，直截了当地告诉他："对不起，先生，您刚才提出的要求恕我们不能接受。也许是您把合同看错了，希望您再考虑一下，我们再商讨这个问题，好吗？"

然后，他把合同找出来，翻到有关的条款，仔细地解释了一遍。他的语调是平和带协商性的，而又是不容置疑的。富豪在事实的依据面前无话可说，他的傲气与怒气已被完全压下去了，只是静静地听董事长讲合同。

当然，最后还得给这位富豪一个面子，让他有一个台阶下。于是，董事长叫人冲了两杯咖啡并请富豪安静地坐下，用平缓而真诚的语气说道：“您一直是我们最值得信赖的客户。在我的记忆中，我们之间从来没有发生过什么矛盾，我想这次只不过是个误会罢了，对我们以后的合作是没有什么影响的。希望我们以后能保持联系，有关这项业务的最新发展状况我会尽快通知您的，您看可以吗？”

富豪自然是无条件地同意。在这里，董事长的高明口才帮了他的大忙。

高超的插话技巧

一个人在倾听过程中如何插话，才会在不使谈话者因为被打断而感到不悦的同时仍然有助于达到最佳的倾听效果呢?

让我们先来看看诸葛亮是怎么做的吧。

刘备问诸葛亮：“鲁肃这次有什么来意啊？”诸葛亮说：“前者孙权向皇帝上表请求授你以荆州之长的官名，这是因为他害怕曹操的意思。而曹操却封周瑜为南郡太守，是让东吴来向我们讨还荆州的用意。”刘备问：“如何回答他呢？”诸葛亮答：“如果鲁肃提起荆州的事情，主公你就放声大哭，哭到一定时候，我自会出去解劝。”……鲁肃问道：“现在皇叔做了东吴的女婿，就是东吴的人了，鲁肃哪里敢在你面前安坐呢？”刘备说：“你与我过去就是朋友，何必这么客套呢？”鲁肃这才坐下。喝过茶以后，鲁肃说道：“我奉我家主公的命令，专门为荆州的事情而来。皇叔你已经借住了很长时间了，却从不曾提起还荆州的事情。现在既然两家成了亲家，你就应当看在亲戚的面子上，早日交还荆州才是。”刘备一听这话，立刻放声大哭起来。鲁肃吃惊地问道：“皇叔为什么这样（放声大哭）呢？”诸葛亮从屏风后面转出来答道：“我在这里已经听了很长时间了。你知道我家主公之所以放声大哭的缘故吗？”鲁肃说：“我实在是不知道。”诸葛亮说：“这有什么难想的？当初我家主公借住荆州的时候，曾经答应你们只要取下西川就还给你们。但是仔细一想，益州刘璋是我家主公的同宗兄弟，一样都是汉朝皇室的后代，如果派兵去攻打他的城池，恐怕被外人骂说我家主公不仁不义（连兄弟的地盘都想要）；如果不还，又让你为难。处于两难之地，因此想起来就想大哭。”诸葛亮的话又触动了刘备的痛处，从假哭变成了真正的号啕大哭。鲁肃反而反过来劝说刘备：“皇叔不要担心那么多，这件事让我们从长计议吧。”诸葛亮说：“麻烦你回去告诉你们吴侯，再等一段时间。况且吴侯连妹妹都嫁给我们主公了，他又怎么能够不看妹夫的面子呢？希望你能够多在你们主公面前说好话。”

插话是需要一定技巧的，特别是在别人伤心的时候。但这对于诸葛亮来说，显然不在话下。当鲁肃正追问刘备关于何时归还荆州，而刘备则“伤心”而哭时，诸葛亮不失时机地进来，为刘备解围。他的一番话说到了刘备的心底，刘备由假哭变成了真哭。诸葛亮又一番话，打消了鲁肃强讨荆州的念头，使其无功而返。

跟诸葛亮学说话

根据不同对象可采取不同的插话方法。一般的方法有以下几个：

一是当对方在同你谈某事，因担心你可能对此不感兴趣，显露出犹豫、为难的神情时，你可以伺机说一两句安慰的话。

“你能谈谈那件事吗？我不是十分了解。”

“请你继续说。”

“我对此也是十分感兴趣的。”

此时你说的话是为了表明一个意图：我很愿意听你的叙说，不论你说得怎样，说的是什么。这样能消除对方的顾虑，坚定他倾诉的信心。

二是当对方由于心烦、愤怒等原因，在叙述中不能控制自己的感情时，你可以用一两句话来疏导。

“你一定感到很气愤。”

“你似乎有些心烦。”

“你心里很难受吗？”

当你说了这些话后，对方可能会发泄一番，或哭或骂都不足为奇。因为，这些话的目的就是把对方心中郁结的一股异常情感“诱导”出来。当对方发泄一番后，会感到轻松、解脱，从而能够从容地完成对问题的叙述。

值得注意的是，说这些话时不要陷入盲目安慰对方的误区。你不应对他人的话做出判断、评价。说一些诸如“你是对的”“你不应该这样”一类的话。你的责任不过是顺应对方的情绪，为他架设一条“输导管”，而不应该“火上浇油”，强化他的抑郁情绪。

三是当对方在叙述时急切地想让你理解他的谈话内容时，你可以用一两句话来“综述”对方话中的含义。

“你是说……”

“你的意见是……”

“你想说的是这个意思吧……”

这样的综述既能及时地验证你对对方谈话内容的理解程度，加深对其的印象，又能让对方感到你的诚意，并能帮助你随时纠正理解中的偏差。

以上三种倾听中的插话方法都有一个共同的特点，即不对对方的谈话内容发表判断、评论，不对对方的情感做出是与否的表示，始终处于一种中性的态度上。有时在非语言传递信息中你可以流露出你的立场，但在语言中切不可流露，这是一条重要界限。如果你试图超越这个界限，就有陷入倾听误区的危险，从而使一场谈话失去了方向和意义。

第五章

局术

——话里有话，局里有局

在话语里巧“布局”

口才，既然是一种艺术，那么也是有技巧可言的。比如，在话语里设下圈套。要让对方顺从你的建议，就要巧妙地设下说话的“圈套”，这是一个拥有高明口才的人善用的一招。

诸葛亮就是此中高手。

当鲁肃奉周瑜的命令来探听诸葛亮的动静时，诸葛亮早已猜到了鲁肃的来意。

鲁肃说：“这几天一直忙于军务，没能去你那里聆听你的教诲。”诸葛亮说：“我也没有向周都督道喜啊！”鲁肃问道：“都督有什么喜事值得你来道贺？”诸葛亮说：“周瑜派你来我这里打听我知道不知道（蒋干中计）这件事，就是这件事值得道贺。”一句话说得鲁肃脸色都变了，连忙问道：“先生你是怎么知道这件事的？”诸葛亮答道：“周都督的这条计只可以糊弄蒋干这样的蠢人。曹操虽然大意会被暂时蒙蔽一阵子，但过不了多长时间他必然会发觉（自己上当），但是在表面上不好意思认错而已。现在蔡瑁、张允两个能干的人已经死了，江东就不用再担心曹操的水军了，（这样好的事情）为什么不向都督道贺呢？我听说曹操已经另外让毛玠、于禁两个人接替了水军都督，在这两个不懂水军的人手里，早晚会断送了曹操的整个水军。”鲁肃听了这番话以后，无法开口再行询问，只得和诸葛亮说了一会儿不相干的话，向诸葛亮告辞（回去向周瑜交差）。诸葛亮叮嘱他道：“你可千万不要告诉周瑜（能不告诉周瑜吗？诸葛亮明知故问，话里设局，把老实巴交的鲁肃哄得晕头转向），我害怕周瑜因为我的精明能干而妒忌我的才能，日后又要寻找别的借口来害我。”

老实巴交的鲁肃在诸葛亮的面前就像一个小孩子一样，一举一动都在诸葛亮的掌握之中。偏偏鲁肃背后又有一个自作聪明的周瑜，定要与诸葛亮一较高下，于是，鲁肃便成了周瑜的传话筒。诸葛亮早已料到鲁肃的来意，便先行一步，拿话堵住鲁肃的嘴，使鲁肃意识到，周都督和自己的算盘早在诸葛亮的意料之中，然后借鲁肃的口去转告周瑜：还是尽量不要打诸葛亮的主意。可惜，周瑜偏偏不听，最终，还是断送了自己的小命。

跟诸葛亮学说话

通常，在话语里设的“圈套”有以下几种：

（1）限定选择，逼人就范

小徐是一个孝顺的女孩。有一段时间，小徐的父亲生病了，食欲不振，看上去脸色也不大好。小徐非常担心，几次要带父亲上医院瞧瞧，可是老人非常固执，说什么都不愿意去，说是害怕没病给瞧出病来。这可把孝顺的小徐急坏了，怎样才能劝服父亲呢？

一天，吃完早饭，小徐冷不丁地劈头问老人：“爸爸，我今天不上班，准备带您去查查身体。您说是去人民医院好还是去公立医院好呢？”

没等父亲回答，小徐又紧接着补充道：“都说公立医院环境好、设施先进，门诊上又都是老大夫，对老人的态度很和气。您老人家决定，咱们去哪家医院呢？”

“要这么说，咱们就去公立医院看看吧。”讳疾忌医的老人，竟不知不觉地顺从了女儿的建议，做出了去医院就诊的决定。

这里，小徐所用的就是“限定选择，逼人就范”的劝服技巧。对方对于你所希望他去做的事，难以定夺是做还是不做，而处于犹豫不决的心态时，这一招往往能立即见效。你需要做的就是将“要不要做”这个较难选择的问题搁在一边，而是直接通过发问让对方考虑“这件事该怎么做”，并向对方提供几个具体的方案让其选择。这种技巧的奥妙在于转移对方的注意力，使之产生错觉，以为“要不要做”的问题已不存在，要解决的只是“怎么去做”的问题了。一旦他选择了你所提供的方案中的一个，你的目的不就达到了吗？

（2）给对方提供更好的选择

小凌的女朋友被上司欺侮了，小凌非常愤怒，买了一把锋利的弹簧刀，来到好友小李的家里，要求小李跟他一起去教训那个上司。小李心里很明白，那个上司固然应该好好教训一番，但如果这样冲动行事，是会触犯法律的。可是，面对怒气冲冲的小凌，怎样才能说服他呢？

小李问了句：“你爱你的女朋友吗？”

“爱，当然爱！不然我就不会这么恨那个狗上司了。”小凌回答说。

“那你就不能这样害她！”

“我怎么害她了？我要为她报仇！”

“那就好，爱一个人不容易，真正爱上一个人，不管她遇到多大的不幸，都不会动摇爱的决心，相反，还会不遗余力地帮助对方从不幸中摆脱出来。可是，如果你感情用事，就不是在帮她而是在害她。你犯法了，要受到惩罚的，你让她怎么办？刚受了欺侮又要看到你被追究，谁去陪她？她会恨你的。坏人总会受到惩处，但这要靠法律。她上司的行为是犯法的。这样吧，我帮你和你女朋友，我们一起用法律的手段去惩处他吧。”

听了小李的一番话，小凌打消了报仇的念头，听从了小李的意见，最后利用法律惩处了那位恶上司。

生活中，很多人之所以会做出不理智的决定，是因为他们处于非正常状态的冲动中，说服他们的技巧就在于通过讲道理，分析其中的利害，为他们提供更好的选择，慢慢把理智还给他们，让他们自己放弃不理智的选择。

（3）用幽默的话轻松说服

1946年5月，远东国际军事法庭审判以东条英机为首的28名甲级战犯。中国法官理应安排在庭长左边的第二把交椅，可由于当时中国国力不强而被各强权国所鄙视。在这种情况下，唯一出庭的中国法官梅汝傲与其他与会者进行了一场机智的舌战。首先，他从正面阐述了排座次应该按日本投降时各受降国的签字顺序排列，这是唯一正确的原则立场。接着他微微一笑说：“当然，如果各位不赞成这个办法，我们不妨找个体重计来，然后依体重排座，重者居中，轻者居旁。”

各国法官全都忍俊不禁。庭长笑着说：“你这个建议很好，但它只适合用于拳击比赛。”

梅法官接着说：“若不以受降国签字顺序排座，就依体重排痤。这样纵使我被排在末位也心安理得，可以对我的国家有所交代，一旦他们认为我不该坐在这个角落里，可以另派一名比我胖的人来换我。”

这个回答引得各国法官们哈哈大笑起来，刚才还剑拔弩张的气氛缓和了下来，在平和的气氛中大家接受了梅法官的建议。

梅法官是用一个不可思议的笑话，嘲讽了帝国主义依恃强权，任意践踏国际公理的心态，达到了轻松说服别人，以争取自己合法权益的目的。这样说的效果比一本正经地据理力争要好得多。

用口才做局看似困难，但是只要你学会上述的技巧，你就可以掌握这项特别而高明的技术，在谈判中出奇制胜。

使对方感到自己是“赢家”

谈判的最高境界是使谈判双方取得双赢。

就像两个人分享一个苹果，怎样才能做到令双方都满意呢？方法就是：一个人切苹果，另一个人优先选择。在这种情况下，双方都获得了一种优先权，而且最终的结果也会相对公平。这就是双赢。

这样的事在现实生活中时有发生，而且有时由于利益的明显对立，谈判的结果只能让双方都觉得自己不是输家。如果能让双方都觉得自己是赢，那就必然需要一方具备高超的口才术。

诸葛亮草船借箭成功以后，周瑜请诸葛亮赴宴。席间，周瑜问诸葛亮道：“昨天我的主公孙权派遣人来催促我让我发兵去攻打曹操，然而我却没有想出什么好的计策，请先生你教我一个计策。”诸葛亮说：“（和你相比）我只是一个普通人罢了，哪里有什么妙计？”周瑜说：“我昨天去查探曹操的水寨，发现布置得极为严密，甚得其法，一般的部队是攻不进去的。苦思冥想得到了一个计策，不知道可行不可行，请先生你替我判断一下。”诸葛亮说：“都督你先不要说，我们两个都写在掌心中，然后互相看一下是不是想得是一样的。”周瑜很高兴地同意了。于是拿笔墨来，各自暗地里写了，然后坐到一起互相观看对方写的是不是和自己写的一样。结果两个掌中写的都是一个“火”字。周瑜说道：“既然你我二人所见相同，那我就没有什么顾虑了。只是希望你不要泄露出去。”诸葛亮说：“这是公事，怎么能够随便泄露。我想曹操三番五次经我惊吓，不会再有那么严密的防备，现在都督你尽管去施行这条计策。”

当周瑜谦虚地向诸葛亮请教妙计时，诸葛亮已料到周瑜心中所想，于是先恭维周瑜比自己聪明，然后并没有献计，因为他知道周瑜已经想到了。他让周瑜和自己都暗自写了，然后对照一下，结果自然早已料到。本来直接说出来就可以了，然而诸葛亮毕竟是诸葛亮，他选择了一个时机，给周瑜送上了一个台阶，很明显，他让周瑜感到自己想在了诸葛亮的前面，于是周瑜十分得意，感到自己很聪明。这也是诸葛亮所想要的结果。

跟诸葛亮学说话

著名的谈判专家罗杰·道森说：“有能力的谈判家会使对方感觉到是赢家，而糟糕的谈判者会让对方感觉到输了谈判。”

高明的推销员都懂得使用收回承诺的策略，这种策略可以使客户心甘情愿接受他原本不同意的价格。

假如有位销售人员出售一批小商品，开始时他给客户的报价是每个1.80

元，客户讨价还价为1.60元。这样反反复复谈了很长时间，最后销售人员表示：1.72元，不能再低了。

可是客户却想：从1.80元降到1.72元，要是我继续坚持的话，压到1.71元也完全没问题。于是，他就会对销售人员说："不用说，你也知道，现在市场竞争这么激烈，同样的商品到处都是，你们做生意也不容易，我也不能贪得无厌。这样吧，每个1.71元，咱们就别再消磨时间了。有这时间你可以再做成几笔生意了。怎么样？我可是真心实意的，就看你的诚意了。"

有经验的销售人员知道如果答应对方的价格，很可能又会引来下一轮谈判——谁敢保证客户不是在进行试探？

如果销售人员是个新手，他有可能被老练的客户所难住，从而答应对方的要求；但如果是个老手，他不但不会做出让步，还会运用"让对方觉得自己是赢家"的策略，就能够使客户做出自己都感到惊讶的举动：为1.72元的单价据理力争！

"您说的这个价，我不能确定是否可行，但如果真的可以的话，我一定会答应您的，我去问问我们经理。"销售人员说完，就会去"问"他们的经理。

很快他就会回来，而且还露出一副为难的表情："刚才我犯了个错误，这种商品由于采用了新工艺，我说的1.72元那是采用之前的价格，如今的单价最低也要1.73元。实在抱歉，你看由于我的疏忽，犯了这么大的错误。"

"说什么哪你？你也别道歉，浪费了我这么长时间，你必须给我个交代呀。我不懂什么新工艺旧工艺，总之就按你刚才说的价钱，我也不跟你多说了，以后咱们合作的机会多着呢。一手交钱，一手交货。"客户满脸不悦地说道。

销售人员假装很犯难地答应了客户的要求。客户自认为打了一场漂亮的“攻坚战”，不动声色地离去了。然而真实的情形只有销售人员知道：那批小商品采用了新工艺没错，但这指的是生产的成本降低了，商品的合格率提高了，跟商品的性能没有多大关系，跟商品的价格更是没有任何关系。

这种“使对方认为自己是赢家”的谈判策略应用到谈判桌上是最为有利的。因为，在谈判中不让对方感觉他输了谈判，才是一名谈判高手的杰出表现。

的确是这样，让对方感觉到自己是赢家，这才是谈判家高超能力的表现。在使对方感到是赢家的同时，自己当然也是赢家。

有的人总是在谈判中时刻不忘表现自己的高明，让对方觉得自己吃了亏，当谈判结束时，对方就会懊悔，觉得吃了亏。因此对方不外乎要采取两手准备：一是想着下次寻找机会报复；二是合作到此为止。

如果你在谈判中时刻不忘要让对方感觉是赢家，对方就会认为跟你合作是一件非常愉快的事，从而为你们日后的继续合作、实现双赢奠定了坚实的基础。

引“蛇”出洞，诱其上钩

在与陌生人交谈时，人们总是不自觉地保持一种戒备状态。而如何解除这种戒备，是与人交往的第一步。我国有句古语，叫作“引蛇出洞”，说的就是这种“出其不意，攻其不备”的攻心术。这里“引”是手段，“出”是目的，对方将自己防范得紧紧的，你又怎能引诱出来呢？只有麻痹对方，松懈其意志，使其敞开心胸，这才能谈得上引“蛇”出“洞”，实现其目的。这是引“蛇”出“洞”法的一个基本特点。当“蛇”出洞后，其戒备基本消除，我们就可以手到擒来了。

赤壁之战前，形势非常危急，诸葛亮急需要去东吴劝说孙权共同抗敌。然而，却没有合适的举荐人。这时，东吴的鲁肃来了，诸葛亮自然不会放过这样的大好时机。

诸葛亮说：“曹操的奸计，我已全部知晓，只不过因为实力不如曹操，所以只能暂且避开他的锋芒。”鲁肃问道：“皇叔（刘备）难道就准备停留在这个小小的地方吗？”诸葛亮说道：“主公过去与苍梧太守有一些交情，打算前去投奔他。”鲁肃说：“吴国的臣子（苍梧太守）粮草缺乏，兵力弱小，连自身都尚且难保，又怎么能够去容纳别人？”诸葛亮说道：“虽然不能够长久地在吴国的臣子那里停留，现在只是暂时依附在他身边，我还有其他的好计划。”鲁肃说：“孙将军（孙权）像老虎一样占据着六个郡，兵员精良，粮草充足，并且敬重贤人礼遇能者，江表一带的英雄（能人贤士）大部分都归附他。现在为你的主公打算，不如派遣一个心腹之人去当使者说服孙将军与你们联合。”诸葛亮说道：“刘使君（刘备）和孙将军一向都没有什么交情，恐怕派人前去也只是徒劳无功。况且刘使君并没有几个心腹之人可以派遣。”鲁肃说：“你的兄长（诸葛瑾）现在就在江东任参谋（就是谋士，并无实职），每天都盼望与你相见。鲁肃虽然没有什么本事，但愿意与你一同去见孙将军，协助你一同（与孙将军）商议国家大事。”刘备假装不允许（诸葛亮出使东吴）。诸葛亮说道：“形势急迫，请求你同意派我出使东吴。”刘备这才答应这件事。

诸葛亮并没有直接说我打算出使东吴，劝说孙权一同抗敌。如果这样说了，鲁肃也许还会怀疑他的真实意图，而不会那么痛快地答应诸葛亮替他举荐。诸葛亮巧妙地把话题扯到了一边，谈起刘备的朋友来，同时用话语引诱鲁肃自己说出来。果然，鲁肃要求诸葛亮出使东吴，去劝说他的主公孙权。鲁肃这样的一个老实人，怎么会是诸葛亮的对手。很容易地就说出了那样的话，然后诸葛亮顺水推舟，答应了下来。这里体现了诸葛亮高明的口才。

跟诸葛亮学说话

鬼谷子是先秦时纵横学派的一大宗师，同时，也是兵家的一代祖师。相传他在青溪山上向庞涓、孙膑传授谋略与兵法的时候，有心想测试一下两位弟子这一阵子学得怎么样，便坐在一个山洞里向两人问道：“你们谁有本事骗我走出洞外？”庞涓便抢先一步连哄带吓，甚至扬言要放火烧洞，不论他如何威吓，鬼谷子都安然不动，因为他知道庞涓的目的是要把他弄出洞去，所以防范得很紧。孙膑却反其道而行之，承认自己愚笨，说无论如何是无法将老师骗出洞外的。不过，他接着说：“如果老师是在洞外，我倒有办法骗老师走进洞来。”鬼谷子听后当然不信，便信步朝洞外走去，谁知他的脚刚一踏出洞外，孙膑便在背后高兴地拍手叫道：“老师，我这不是把您请出洞外了吗？”

孙膑哪里愚笨，他是布下了圈套让老师钻——鬼谷子果然上当受骗。为什么呢？因为孙膑先不说自己愚笨，哪里骗得过老师？这就使鬼谷子放松了警惕，疏于防范。这一典故虽似笑料，但却是引“蛇”出洞的最好例证。

许多人时常保持一分警戒之心，可惜一旦放弃警戒，就几乎丧失了抵抗力。如果你被对方侵入了警戒防线，警戒心反而于无意识之中减弱了，一些狡猾的诈骗犯通常就是利用人的这种心理弱点，施放狡猾的攻心烟雾，使一些善良的人们不知不觉地屡屡上当。

人的心理障碍通常是有准备的，遇到相关情景即表现出来，这种心中的准备为“心理组织”。通常，“不”的心理组织不可能突然变为“是”的心理组织，必须巧妙地朝“是”的方向诱导，才会逐渐造成“是”的答案。而这个过程是多变的，难以定型的，需要你随机应变。

习惯于顽固拒绝他人说服的人，经常都处于“不”的心理组织状态之中，所以自然而然就会呈现僵硬的表情和姿势。对付这种人，如果一开始就提出主题，绝不可能打破他“不”的心理组织。所以首先应该尽量让他轻松化，并提出不勉强的问题，使对方条件反射地给出“是”的答案。然后，循序渐进，加以引导，就会将对方逐渐引至你所期望的答案。

具体说来，运用这一方法有以下几个技巧：

（1）诱“敌”深入

在对方攻击自己准备得最充分、最有说服力的论点时，暂时避而不答，含而不露，造成本方防守空虚、理屈词穷的假象，引诱对方放心大胆地继续前来进攻；一旦时机成熟，突然抛出最有力的论据，使对方措手不及，瞬间击破对方的攻势。这种战术还会给对方造成巨大的心理压力，使之明明占据优势的论点也不敢贸然出击。

（2）巧布局

好的防守者不是当敌人进攻时才披挂上马，匆匆应战，也不会去修筑一条大而无用的马其诺防线。他们像精明的猎人，寻踪觅迹，在猎物的必经之途上巧妙地设下一个陷阱；他们是智谋过人的统帅，不屑于疲于奔命地寻找战机，而是在自己选择的战场上与敌人作战。

投其所好，欲扬先抑

说话要说到对方心里面，对方才会爱听，这是一个口才原则。你想要让对方同意你的建议，那就要投其所好，让对方产生兴趣，你才有机会陈述你的建议，否则，对方根本就不愿意听，那你怎么会有机会向对方进言呢?

这方面，我们得向口才高手诸葛亮学习。

当刘备攻下汉中以后，安抚百姓，大赏众将。于是，众将都有拥立刘备为王的念头，于是来找诸葛亮，让他出面去劝说刘备。

诸葛亮说："现在曹操窃取了皇帝的权力，老百姓没有一个主公；而主公你的仁义闻名于天下，现在又得到了两川之地，可以上承天意、顺应民心，立即称帝，从而名正言顺地去讨伐国贼。事不宜迟，请主公你赶快选择吉日。"刘备大惊道："军师你的话不对。刘备既然是汉室后裔，就是汉朝的臣子；如果做了（称帝）这种事，那就是对汉朝的叛变。"诸葛亮说："事实不是这样。现在天下四分五裂，豪杰们都起来争夺天下，各霸一方；

而四海之内有才能的人，都想跟随一位真正的英雄出生入死，以图最终能够建立功勋，得到封赏。现在主公你只为了避嫌和守护忠义（不愿称帝），这样的话就会失去众人的忠心的。希望主公你再好好想想。”……诸葛亮说：“主公平生以忠义作为自己的做人原则，想必不愿意轻易称帝。现在既然已经拥有了荆襄、两川之地，那么可以退一步，暂且做个汉中王。”刘备说：“你们虽然想拥戴我为王，但是没有天子的命令，那就是越礼。”诸葛亮说：“现在应该根据形势的变化而变化，不应该拘泥于常理。可以先称王，然后上表奏明天子，那时也不晚。”刘备再三推辞不过，只得答应了。

诸葛亮先劝说刘备称帝，刘备坚决不答应，这时，诸葛亮没有再坚持，因为他知道，如果再坚持，恐怕刘备发怒，把事情搞僵。于是根据刘备的喜好（不愿意出太大的风头），退了一步，劝说刘备称王，为以后称帝打下基础。刘备虽然表面上不愿意，但在众人的坚持下，再加上不称王的话，始终是名不正言不顺，有诸多不便，于是便答应下来。这里显示了诸葛亮的高明之处，一看原先的意见通不过，马上退一步，欲扬先抑，同时他还深知刘备的心思，稍动心机，便换来了刘备的同意。

跟诸葛亮学说话

论辩是参辩双方的一种逆向抗衡，这种抗衡往往针锋相对，僵持不下。要想突破僵局，取得辩论的胜利，不妨另辟蹊径，变逆为顺，采用一种“投其所好”的战术，从顺向的角度，向对方发起一场心理攻势，在顺的过程中化解对方的攻势，发现对方的破绽，捕捉突破的战机，从而出其不意地战胜对方。下面就介绍“投其所好”术在论辩中的运用。

（1）捕捉战机

律师乔特斯为有杀妻嫌疑的拉里辩护，这时对方律师麦纳斯提出了对拉里十分不利的证据：拉里曾向麦纳斯提出过，要麦纳斯帮助他与妻子离婚，并由此推论拉里在无法达到离婚目的时，会采取极端措施。乔特斯知道要直接反驳“要求离婚就有杀人动机”是极其困难的，于是他就采取了“投其所好”的策略。

乔特斯一边向麦纳斯承认，自己对离婚是外行，一边恭敬地问对方是不是很忙。麦纳斯踌躇满志地回答：“要我处理的案子要多少有多少。”后来又补充说，每年至少有200件。乔特斯赞叹说：“呀！一年200件，您真是离婚案的专家，光是写文件就够您忙的了。”麦纳斯的声音犹豫起来，感到说得太多人们难以置信，就只好承认说：“可是……其中有些人……嗯……因为这样那样的原因改变了主意。”破绽出现了，乔特斯抓住这一点，进一步诱导道：“啊！您是说有重新和好的可能，那大概有10%的人不想把离婚付诸行动吧？”麦纳斯说：“百分比还要高一些。”“高多少？11%，20%？”“接近40%。”乔特斯用惊奇的眼光盯着他说：“麦纳斯先生，您是说去找您的人中有近一半最后决定不离婚？”“是的。”麦纳斯这时有些感觉到上当了，但退路已经没有了。“嗯，我想这不会是因为他们对您的能力缺乏信任吧？”“当然不是！”麦纳斯急忙自我辩解，“他们常常一时冲动，就跑来找我。可是一旦真的要离婚，便改变了主意……”他突然止住，意识到自己上当了。“谢谢，”乔特斯说，“你真帮了我大忙。”

在这场法庭辩论中，乔特斯正面承认反驳难度较大，就采用了“投其所好”术，从侧面进攻。他先坦率地承认自己对离婚案是外行，恭维对方很忙，当对方得意忘形、鼓吹自己处理离婚案件的数目时，他又进一步恭维对方是离婚案专家。当对方感到吹过了头，说有些人因这样那样的原因改变了主意时，战机出现了。乔特斯抓住这一点诱使对方说出了自己否定自己的话。可见，在论辩中如果正面说理难以奏效，就可以采用“投其所好”术，与对方巧妙周旋，让对方对抗心理弱化，疏于防范，就有可能暴露出一些破绽，己方乘隙而入，一举制胜。

（2）请君入瓮

一天，一位面容娇美的女青年在马路上走，突然她发现有一个“摩登”男青年在后面紧追不舍，怎么办呢？她忽然有了主意。她回过头来对男青年说：“你为什么老跟着我？”男青年说：“您太美了，真让人着迷，我真心爱您，让我们交个朋友吧！”姑娘嫣然一笑，说：“谢谢您的夸奖，在我后面走的姑娘是我妹妹，她比我更美。”“真的吗？”男青年非常高兴，马上回过头去，却不见姑娘的身影。他知道上当了，又去追赶那位漂亮姑娘，质问她为什么骗人。女青年说：“不，是你骗了我，如果你真心爱我，那么为什么又去追赶另一个女人？经不起考验，还想跟我交朋友，请你走开！”男青年被说得面红耳赤，讪讪地溜走了。

这位女青年之所以能制服男青年，就是顺着对方贪图美色的心理，设计诱之。对方不知是计，便去追更美的姑娘，这就使其丑恶的嘴脸暴露无遗。女青年顺势反击，让对方自暴其丑，无地自容，达到了目的。从这个实例可见，论辩中的“投其所好”术，其实也是一种“诱敌”战术，抓住对方的需求和动机，设下圈套，诱敌深入，当对方进入伏击圈后，己方就可以猛烈出击，战胜对方。

（3）巧布疑阵

一位顾客到某酒店喝酒，店主以半杯酒当满杯卖给他。他喝完第二杯后，转身问店主：“你们这儿一星期能卖多少桶酒？”“35桶。”店主得意扬扬地回答。“那么，”顾客说，“我倒想出了一个让你每星期卖掉70桶酒的办法。”店主很惊讶，忙问：“什么办法？”“这很简单，你只要将每个杯子里的酒装满就可以了。”

聪明的顾客利用店主唯利是图的心理，投其所好，巧设圈套，待其落入，再奋力一击，揭露了店主以半杯酒充一杯酒的恶劣行径。此种说法比起一般的斥责要有力得多，也深刻得多。可见“投其所好”术又是辩论中的疑兵之计，可以迎合对方的某种爱好和某种心理，巧布疑阵，麻痹对方，使之放松警惕，误入陷阱，从而达到战胜对方的目的。

（4）欲扬先抑

一位知识测验的主持人向一位应考者提问：“据说您是足球方面的行家，是吗？”“那当然。”应考者回答道。“那么，请问球门上的球网有多少个孔？”应考者一愣，但随即镇定下来，说：“能提出这样问题的一定是知识渊博的大学问家。”“那当然。”主持人面露喜色。“那么，你一定知道保塞尼亚斯了？”“保塞尼亚斯是古希腊一位能言善辩的哲学家。”主持人自信地答道。“有一次，雅典的首席执政官让每一个议员提一个难题，保塞尼亚斯只用了一句话就回答了。你知道是一句什么话吗？”“面对这样的难题，他只能说‘我不知道’。”主持人得意地回答。“完全正确。”应考者又问道：“今天我想再提一个问题，你能用一句话回答吗？”“请问吧！”主持人颇为自负地答应了。“那么我问你，足球球门上的网有多少个孔？”“啊，嗯……”

主持人无言以对。

如果你发觉上了对方的当以后，聪明的人往往都不会声张，而是让对方继续得意忘形，甚至诱导对方继续按照他的思维去想象你的对策，然后在他最得意的时候，突然反戈一击，让对方无从招架，败下阵去。这就是所谓完美的反击术，你不妨在自己遭遇到尴尬的时候用一下，看看效果如何。

巧妙地诱导对方

诱导是口才术中的一个重要手段。如果运用得当，你就可以不费吹灰之力，得到想要的结果；但是，如果掌握不好分寸，诱导过了头，那也会给自己惹来麻烦。这里面的分寸把握自然是一个难点。

周瑜调兵遣将以防备曹操，分拨完毕以后，派人请诸葛亮去商议大事。周瑜告诉他："过去曹操兵少，袁绍兵多，最终曹操之所以反败为胜、战胜了袁绍就是因为他采纳了许攸的计策，抢先烧毁了袁绍在乌巢的粮草。现在曹操带领83万大军，而我们的部队只有五六万人，怎么能够抗拒他呢？也需要抢先毁掉他的粮草，然后才能打败他。我已经派人探听明白，曹操大军的粮草，全部囤积在聚铁山。先生你一直都居住在那里，对地形非常熟悉，就麻烦先生你带领关羽、张飞、赵云等——我也派给你千余兵帮助你——连夜前往聚铁山截断曹操的粮草通道。你我都是为了打赢这场仗，希望你不要推辞。"诸葛亮暗想："这肯定是因为劝降我不成，设计来加害于我。我如果推托，必然被他笑话。不如暂且答应他，然后再想办法。"于是很痛快地答应了。后来，鲁肃不忍心看诸葛亮丧命，拿话点拨他："先生你这一次去能够成功吗？"诸葛亮说："我水战、马战、步战、车战，样样精通，（有这样的才能）怎么会愁事情办不成功呢？并不像江东的周公只有一种能耐罢了。"鲁肃问道："我与都督有哪一种能耐？"诸葛亮："我听说江南的小孩子都经常唱歌说：伏路把关饶子敬，临江水战有周郎。像你就只能在陆地上把守关隘；而周瑜则只能水战，不能在陆地上作战。"

鲁肃把这话原原本本告诉了周瑜，周瑜大怒："为什么说我不会在陆地上作战呢？不需要他去断曹操的粮草通道，我自己带领一万部队，去聚铁山截断曹操的粮草通道。"

……

在这里，面对周瑜的刁难，诸葛亮并没有推辞，周瑜以为诸葛亮已经上当。其实周瑜的计策哪里瞒得过诸葛亮？诸葛亮心中早有对策。只是一句话，便诱使周瑜自己沉不住气，把危险的任务抢了过去。虽然最后诸葛亮又让鲁肃劝周瑜不要去冒这样的风险，但是仅仅一句话，便诱使对方上当，把最大的风险轻松地退回给了对方，足见诸葛亮的嘴上功夫。

跟诸葛亮学说话

劝说别人有多种形式，而无论哪一种，都离不开诱导。诱导的过程是说服对方的过程，也是对方的思想逐渐转变的过程。所以，诱导便成为说服别人的一个重要环节。

（1）一语破的式的诱导

一位父亲得知儿子染上了赌博的恶习，便给他写了一首戒赌诗，以诗说理规劝。诗曰：贝者是人不是人，只因今贝起祸根。有朝一日分贝了，到头成了贝戎人。儿子看后，不解其意。

父亲解释道：“贝者是赌，今贝是贪，分贝是贫，贝戎是贼。‘赌、贪、贫、贼’是每个赌徒的必由之路。”

儿子听了，幡然醒悟，弃赌从良，自食其力。

这位父亲劝子戒赌方法巧就巧在：第一，以诗劝子，方法新颖，让儿子去思考其中的含义；第二，当儿子百思不解时，一语道破诗意，指出“赌博必定贫穷，强盗出于赌博”的道理，使儿子恍然大悟。这种一语破的的诱导方法往往能收到较好的劝说效果。

（2）在说话之前心中要有个完整的谋划打算

每一步怎样诱导、怎样发问，谈话前都应经过深思熟虑。这样，环环紧扣、步步深入，才能诱使对方在无法解决的矛盾面前自我否定。

例如，某饭店服务员刘小姐拾到顾客遗失在店内的手机，想悄悄据为己有，被领班张大姐发现了，让她上交。

可刘小姐说：“手机是我拾的，又不是偷的，更不是抢的，不上交也不犯法。”

张大姐说：“小刘，你知道什么叫不劳而获吗？”

“不知道！”刘小姐生气地回答道。

张大姐说：“不劳而获是不经过劳动而占有劳动果实。”

“您怎么也学会咬文嚼字了？”刘小姐有点不耐烦了。

张大姐耐心地问：“你说，抢东西是不是不劳而获？”

“是的。”

“偷别人的东西是不是不劳而获？”

“当然也是。”

“那拾到别人的东西据为己有是不是不劳而获呢？”

“这，这……当然……”刘小姐语塞了。

张大姐顺势教育道：“拾到别人的东西据为己有和偷、抢得来的东西，在不劳而获这一点上是相通的，除了国家法律，我们还应有一定的社会公德，再说店里也有工作守则，拾到顾客遗失的物品要交还，你可不能犯糊涂啊！”

经过张大姐的教育，刘小姐终于认识到自己的错误，把手机交了出来。

讲好大道理很重要的一点是应学会剥茧抽丝，逐步引导，层层深入，让对方在心理上慢慢接受你所说的话。从理论上讲，这种说服技巧符合心理学的基本规律；从实践结果来看，只要运用得恰当巧妙，就能取得理想的说服效果。

（3）有预料地诱导

在去说服别人之前，我们也可以进行一下预测。对方会怎样讲，讲些什么，我们应如何回答，都要考虑到。这样才能有的放矢，使劝说获得成功。

例如：方方同学的作业字迹十分潦草。老师把他叫到办公室，拿出一本字迹工整的作业递给他说：“你看这位同学的作业写得怎么样？”

方方看了一眼，没说什么。

老师又拿出一本字迹潦草、错误较多的作业给他看：“这本呢？”

方方说：“跟我的差不多。”

“你再看看这两个作业本上的名字。”老师温和地说。

这一回方方就疑惑了：“都是李林的。”

老师抓住时机，诚恳地说：“差的一本是李林去年的作业，这一本是他现在的作业。你和李林去年的情况差不多，但李林经过半年的努力，能写出工整漂亮的作业，老师相信你一定会像李林那样的。”

老师这段谈话，言此意彼，既维护了学生的自尊，又达到了鼓励他进步的目的。其实，这位老师已经预测出学生的每一个回答，然后他根据学生的回答顺势劝导，起到了较好的说服效果。

（4）侧面诱导

在日常生活中，说服的事情几乎随处可见。母亲病了不肯到医院去动手术，要靠说服；痴情女失恋痛不欲生，要靠说服；年轻人不求上进伤风浮躁，要靠说服。

进行有效说服的一个较好的策略是采取从侧面入手的战术，因为直接说服容易让对方产生抵抗心理，所以不妨从侧面打开缺口。

俄国伟大的十月革命刚刚胜利的时候，象征沙皇反动统治的皇宫被革命军队攻占了。当时，俄国的农民们打着火把叫嚷，要点燃这座举世闻名的建筑，将皇宫付之一炬，以解他们心中对沙皇的仇恨。一些有知识的革命工作人员出来劝说，但都无济于事。

列宁得知此消息后，立即赶到现场。面对那些义愤填膺的农民，列宁很恳切地说：“农民兄弟们，皇宫是可以烧的。但在点燃它之前，我有几句话要说，你们看可不可以呢？”

农民们一听这话，便知列宁并不反对他们烧，于是答道：“完全可以。”

列宁问：“请问这座房子原来住的是谁？”

“是沙皇统治者。”农民们大声地回答。

列宁又问："那它又是谁修建起来的？"

农民们坚定地说："是我们人民群众。"

"那么，既然是我们人民修建的，现在就让我们的人民代表住，你们说，可不可以呀？"

农民们点点头。

列宁再问："那还要烧吗？"

"不烧了！"农民们齐声答道。

皇宫终于保住了。

迁怒于物往往是情感朴直、思维简单化的一种表现，这时关键在于疏导。面对激愤的群众，列宁的五句循循善诱的问话，理清了群众思路，保住了这座举世闻名的建筑。他采取的步骤是，首先理解和赞同群众的观点，这样可以争取到引导群众的时间和机会；其次，正本清源，使农民们懂得，皇宫原来是给沙皇统治者居住的，但修建者却是人民群众，如今从沙皇手中夺过来回归人民群众，就应该让人民代表住，这个道理是可以服人的，因此农民们点了头；最后一问，是强化迂回诱导的结果，让群众明确表态"皇宫不烧了"，从而完全达到了目的。

（5）以退为进式的诱导

所谓"以退为进"，就是先赞同对方的观点，然后再提出自己的看法，并说服对方。

孟子有一次去拜见齐宣王。

宣王问他："什么样的国王才能统一天下？"

孟子说："有仁德的人。"

宣王又问他："我算不算呢？"

孟子答：“算。”

宣王就问：“为什么呢？”

孟子说：“我曾经听说有个人牵了一头牛和一只羊经过您面前时，您问他：‘干什么去？’那人说：‘去做祭品。’于是您叫住了那人，说只要用那头牛就够了。不知是否有这回事。”

宣王说：“有。”

宣王说：“我不忍心看着羊被杀死时那副可怜巴巴的样子。”

孟子这时就说：“由此可见，您是有仁德之心的人。对一只动物尚能如此富于慈悲，何况于普天下的老百姓呢？那一定是要减免赋税休养生息了！这样的国王，怎能不一统天下呢？再说，也只有这样的国王，才能一统天下！”

宣王听后，沉思不语，深感羞愧。

原来孟子设下了一个大圈套，表面上看他是赞扬宣王，可是在他先赞扬了宣王之仁德之后，再指出他实际上的不仁德，并指出仁德的好处，说服他要仁德。这样规劝巧妙而不露痕迹，效果很好。

由此可见，劝说抱有成见的人，需要掌握进退的分寸。当前进可能受阻的时候，就要先暂时退让一下。退让之间便显示了你对他的尊重，从而赢得对方好感，使其在心理上得到满足，这时再亮出你的观点来说服他，就容易多了。

我们常见到有些人在说服他人时，一上来就攻势凌厉、咄咄逼人，拿出一种压倒一切的气概。这样，对方一般不会买账，即使口头上说“服”，心里还是不服气，所以，你不妨用一下以退为进的办法。

巧解话中隐语，及时识破迷局

有些时候，听话不能只听表面，还要听话里面所包含的真实意思。有些话是很具有迷惑性的，是对手专门为了迷惑你而有意在话中套话，让你很容易判断错误，从而上了对手的当。这是很常见的一种迷惑方式。如果你不能很好地应对，那么你就会眼看着是一个陷阱，却一步步地踏进去。

怎么才能对付这种人呢？那就要求你必须能听懂话里话，如果要求再高一点，那就是你也要会说话里话，先设个圈套把对方套进去，然后再阐述自己的意图。

这也是诸葛亮常用的招数之一。

诸葛亮南征，到达益州之后，遭遇高定与朱褒。当魏延擒下高定部将鄂焕见诸葛亮时，诸葛亮问："你是谁的部下？"鄂焕说："我是高定的部下。"诸葛亮说："我知道高定是尊崇忠义的人，现在只不过是被别人迷惑，才会抵抗大军。我现在放你回去，你回去告诉高太守早点投降，免遭大祸。"鄂焕拜谢而去。

又一日，高定和雍某一起进兵，却遭遇诸葛亮的埋伏，大败而回。诸葛亮让士兵造谣说："凡是高定的人都可以免死，其他人的部下全部杀掉。"兵败被俘的士兵都听到了这个话，高定的部下果然被赦免了。诸葛亮又扬言道："雍某今天派人来投降，要献上他的主公和朱褒的首级作为他的功劳，我很不忍心这两个人死去。你们既然是高定的部下，我放你们回去，不要再来作为敌人。如果再次擒住，必然不会轻易饶恕。"

于是众士兵回去，都诉说诸葛亮的仁义，同时雍某的部下，都有归顺高定的心思。虽然如此，高定仍然有所怀疑，又派一个人到诸葛亮的寨中探听虚实。这个人被抓住以后，诸葛亮故意把他当作雍某的人，问道："你们元帅既然约定日期献上高定、朱褒二人的首级，为什么到时候却没有来呢？何况你这样的部下这么不细心，怎么能够做间谍呢？"诸葛亮又写下一封书信交给他，让他带回去给雍某："叫他早点下手，不要再耽误大事了。"这个人回去见了高定，把诸葛亮的话原原本本都告诉了高定，并把书信拿给高定看。高定大怒："我以真心对待他，他反而打算害我，于情于理都难以容他！"他于是找鄂焕商议除掉雍某的事。鄂焕说："诸葛亮是个仁义的人，背叛他不是正确的。我们谋反作乱，全部是因为雍某的缘故。不如杀掉他去投奔诸葛亮。"于是高定与鄂焕商量好了下手的办法。等到晚上，很顺利地杀掉了雍某，接着两个人便带领自己的部下去投奔了诸葛亮。

对于叛变的高定与鄂焕，诸葛亮认为他们并没有作太大的恶，所以不主张斩尽杀绝，而是以劝降为主。于是，诸葛亮仅仅是用嘴（说了一些其实是子虚乌有的话）对方便信以为真，使其内部起了争端，自相残杀，"帮助"自己顺利地达到了自己的目的。这就是口才的威力！

跟诸葛亮学说话

有话不明说，有意掩饰其真实的含义，是阻碍谈判双方相互沟通、理解的一种行为。这在谈判中十分常见。高明的谈判者会透过字句找出其真实的含义而不是停留在字句本身的字面意思，再做出判断。谈判人员必须意识到，许多时候对方反复讲某些话，每次都大同小异，通常都是想伪装同一个想法。

久经考验的谈判人员也许听过这样的说法：“我们的立场是坚定的，我们信守自己的目标。”其实，这句话通常的意思是：无论怎么让步，要做起来也不是那么容易的。这类话通常出现在谈判的开始，尤其常见于某一方代表公众发言时，比如由新闻媒介监控的劳工管理合同的谈判就是如此。

“这个问题带感情色彩，我们希望双方都能注意其他同样重要的问题。”这句话可理解为：我们希望你方表现出更大的责任感。

“考虑到我们双方有较长期的联系和共同的利益，我们想提出这一提议，我们认为这一提议是公正合理的。”这句话的言下之意可能是：我们很熟悉你们，知道你们很可能不会接受，不过我们还是要试上一试。说这类话的还有这样一些对手，他们试图利用与对方有过的联系，希望以此赢得其他方式得不到的让步。使用“公正合理”这种字眼，显然是想使对方难以拒绝。这当然是一种咄咄逼人的战术，旨在使对方的拒绝显得不公正、不合理。但这种暗示的弊病便是因迫使对方接受而引起对方的反感。“可被接受的”是一个更好的字眼，可用来取代“公正合理”。

“我们知道，你们对我们这一提议很有好感……”这和上面一条大同小异。意为：且让我们瞧瞧，看你们是否接受上一条。对方正在观察你的反应，以便确定下一步提议该做些什么。在你拒绝了对方第一个提议之后，他们会很快做出下一个提议。然而，你别把对方的这种做法误以为是种让步。通常这是一种有计划的战术，所以你应当提防。

“虽然我们已经解决了重要问题，但还有一些细小的分歧。”对这句话的理解应该是：这一轮谈判似乎接近尾声，但我们还是希望你方有所让步。可以确信，除非那些“细小分歧”得到解决，否则你不可能与对方达成协议。

给对方一个台阶上

有句俗话叫作“给对方一个台阶下”，意思是在一种尴尬的局面出现时，最好给对方一些让步，以便使对方不致太难堪；而在与人谈判时，要懂得一种重要的技巧——那就是“给人一个台阶上”，唯有这样，才能使持不同意见的双方更容易达成一致，这也是解决分歧的一种重要办法。

黄盖被周瑜当众责打（苦肉计）以后，鲁肃去见诸葛亮，对诸葛亮说道：“今天都督发怒责打黄盖，我们都是他的部下，无法在他发怒时劝说他；然而先生你是客人，为什么你也在那里袖手旁观，不说一句话呢？”诸葛亮笑道：“你在故意瞒我。”鲁肃说：“我与先生你来到东吴以后，没有一件事瞒过你。现在为什么你会这么说呢？”诸葛亮说：“你难道不知道今天都督责打黄盖，是他在用计吗？为什么要让我去劝他呢？”鲁肃这才省悟过来。诸葛亮说：“不用苦肉计，又怎么能够瞒过曹操呢？现在肯定是要让黄盖去向曹操假装投降，却让曹操派过来的间谍蔡中、蔡和去报信。你见了周都督以后，千万不要说我也知道这件事情，只说我也在埋怨都督就行了。”

鲁肃告辞。到了周瑜那里，果然只字不提，只是说诸葛亮也埋怨都督太苛刻。周瑜笑着说：“现在必须要瞒过他。”鲁肃说：“为什么呢？”周瑜说：“今天痛打黄盖，是一条计策。我想让他去向曹操假装投降（以成就大计），必须先使用苦肉计瞒过曹操（和诸葛亮——是外人，怕走漏消息），然后用火攻打他，才能够得到胜利。”

自从周瑜见了诸葛亮和领教了他的才能之后，他们两个之间就有了解不开的恩怨。然而大敌当前，私怨只能向后放，但周瑜是不会放的，只有诸葛亮先让步，才能先把曹操这个最大的敌人击败。虽然诸葛亮完全知道这件事，但诸葛亮并不揭破周瑜的计策，免得周瑜又放心不下，从而打乱他的部署。这就是诸葛亮的聪明之处，在人屋檐下，怎能不低头，让人一步可以换得最终的胜利，何乐而不为呢?

跟诸葛亮学说话

在每一次的谈判中都会有不满足的因素存在。谈判双方都会出现一些需要处理的反对意见。面对反对意见，你用什么方法来解决，将直接影响你的谈判成功与否。

戴尔先生曾和一位珠宝商交涉。戴尔先生妻子的视力不太好，她所使用的手表指针，必须长短针分得非常清楚才行。可是这种手表非常难找。他们费尽了心力，总算在那位珠宝商的店里找到了一只戴尔太太能够看得清楚的手表。但是，那只手表的外观实在是不尽如人意。也许是由于这个缘故，那块手表一直卖不出去。就200元的定价而言似乎也贵了一些。

戴尔先生告诉珠宝商，这块表200块太贵了。

珠宝商告诉戴尔先生，这块表的价格是非常合理的，因为这块表精确到一个月只差几秒。

戴尔先生告诉他，时间精确与否并不很重要。为了证明自己的观点，戴尔先生还拿出了他妻子的天美时表让珠宝商看：“她戴这只10块钱的手表已经有7年了，这只表一直是很管用的。”

珠宝商回答："噢！经过7年的时间，她应该戴只更名贵的手表了。"

议价时，戴尔先生又指出这只手表的样式不好看。

珠宝商却说："我从来没有见过这么一只专门设计便于人们看的手表。"

最后，他们以150块成交。

处理对方的反对意见时要圆滑、委婉，不至于使谈判陷入僵局。练习以下的9个步骤，也许会为你成为谈判高手提供一些帮助：

第一步，在和顾客谈判之前，先写下自己产品和其他竞争产品的优点和缺点。

第二步，记下一切你所能想到的、可能被对方挑剔的缺点或考虑不周之处。

第三步，让朋友或同仁尽量提出反对的意见。同时让他们在对方未提出意见前，练习回答这些反对的意见。

第四步，当对方提出某项反对意见时，要在回答之前了解问题的症结。

第五步，当你了解问题的症结后，前后权衡一下，看看问题是否容易应付。若是容易应付的反对意见，便可以利用现有的证据加以反驳。

第六步，利用反问来回答对方，诱导对方回答你"是"。例如，你推销汽车时不妨询问对方："你是不是正在为昂贵的维修费用而烦恼？"而对方的回答很可能是肯定的。既然对方不喜欢昂贵的汽油费和维修费，那么你就可以乘机向对方介绍你推销的汽车的优点了，这是一个再好不过的机会。

第七步，不要同意对方的反对意见，这样会加强对方的立场。汽车推销员如果说："是的，我们生产的汽车维修费用是很高的，但是……"如此之举就属于不明智了。

第八步，假如对方所提出的反对意见是容易应付的，你可以立刻拿出证明来，同时还可以要求对方同意。

第九步，假如对方所提出的反对意见令你感到非常棘手，那么你就要以可能的语气来回答，然后再指出一些对对方更有利的优点。

小心回答陷阱问题

对方在谈话中故设陷阱，这种场面通常会出现在面试中。这时，能否听出考官的“言外之意”，判断出哪些属于“陷阱问题”，就是考验你应变能力的时候。陷阱问题往往是考官故意设下的圈套，以声东击西方式来判断考生的性格、能力，通常都是咄咄逼人和过于刁钻的问题。如何才能既巧妙回答问题又不失礼貌，才能不陷入陷阱之中，是回答这一类问题的难点。

当刘备和诸葛亮寄居于荆州刘表处时，刘表的儿子向刘备和诸葛亮求计（因为继母不能容纳他）。刘琦说：“我不被继母所容纳，希望先生你能够救我一命。”诸葛亮说：“我在你们这里作客，哪敢参与你们的家务事？一旦泄漏出去，必然会引来大的祸患。”说罢，诸葛亮就要告辞离去。公子说：“既然来我们这里作客，怎么能够怠慢你，随便就让你走呢？”公子挽留诸葛亮到密室一同饮酒。喝酒时，公子又说：“继母不能容我，请求先生能够救我。”诸葛亮又说：“这不是我所能出谋划策的。”说完，诸葛亮又要告辞。刘公子说：“我有一本古书，请先生帮我看一看。”公子领着诸葛亮登上了一座小楼。诸葛亮问：“书在哪里？”刘公子又一次说：“继母不能容我，我的性命危在旦夕，先生你难道忍心不说一句话吗？”诸葛亮想走，一看，楼梯已被撤去。刘琦说：“我想向你请教良策，先生害怕会泄漏出去，不愿意告诉我；现在上不着天，下不挨地，从你口出，入我之耳，再没有第二个人了。先生可以说了吧？”诸葛亮说：“外人不能离间亲情骨肉，我怎么敢为你谋划呢？”公子说：“先生既然不打算救我的命！我的命自然也就保不住了，现在就死在先生的面前算了。”公子说完，拔剑就要自刎。诸葛亮赶紧制止说：“已经有了计策。”刘琦行礼道：“愿意马上听你的良策。”诸葛亮说：“公子难道没有听说过战国时的齐国公子申生、重耳的事情吗？申生由于在宫中被小人谋害而亡，重耳因为远离宫廷（小人鞭长莫及）而得以保全自己的性命。现在的江夏太守黄祖刚刚逝去，那里缺一个守御的人，你为什么不向你父亲进言，让他批准你带兵镇守江夏，就可以逃避这里（打算谋害你的人）的祸患了。”刘琦再三拜谢，送诸葛亮下楼。

当公子刘琦向诸葛亮请教保命良策时，诸葛亮因为是在别人的地盘上，焉知不是他人派来试探他的呢？于是三缄其口，并不愿多说话。此时，公子说的话虽然情真意切，但越是这样，就越不敢保证这不是一个“陷阱”式的问题，诸葛亮还是选择了最稳妥的回答方式。一直到最后公子打算自杀，实实在在地看出公子是真心的以后，诸葛亮才教给他保命的方法。

面对陷阱问题，也许你也该学学诸葛亮的做法。

跟诸葛亮学说话

通常的应对策略有以下几种：

（1）面对用“激将法”遮蔽的语言陷阱

这是面试官用来淘汰大部分应聘者的惯用手法。采用这种手法的面试官，往往在提问之前就会用怀疑、尖锐、咄咄逼人的眼神逼视对方，先令对方防线步步溃退，然后冷不防用一个明显不友好的发问激怒对方。如：“你经历太单纯，而我们需要社会经验丰富的人”“你性格过于内向，这恐怕与我们的职业不适应”“我们需要名牌院校的毕业生，你并非毕业于名牌院校”“你的专业怎么与所申请的职位不对口”等。

面对这种咄咄逼人的发问，应聘者首先要做到的就是无论如何不要被“激怒”，如果你被“激怒”了，那么你就已经输掉了。面对这样的发问，如何接招儿呢？

如果对方说“你经历太单纯，而我们需要的是社会经验丰富的人”，你可以微笑着回答：“我确信如我有缘加盟贵公司，我将会很快成为社会经验丰富的人，我希望自己有这样一段经历。”

如果对方说“你性格过于内向，这恐怕与我们的职业不适应”，你可以微笑着回答：“据说内向的人往往具有专心致志、锲而不舍的品质，另外我善于倾听，因为我感到应把发言机会多多地留给别人。”

如果对方说“我们需要名牌院校的毕业生，你并非毕业于名牌院校”，你可以幽默地说：“听说比尔·盖茨也未毕业于哈佛大学。”

如果对方说“你的专业怎么与所申请的职位不对口”，你可以巧妙地回答：“据说，21世纪最抢手的就是复合型人才，而外行的灵感也许会超过内行，因为他们没有思维定式，没有条条框框。”

如果对方说“你原单位这么好，你却要走，是不是在原单位混不下去只好挪个窝”，碰到此种情况，要头脑冷静，明白对方在“做戏”，不必与他较劲。

（2）面对挑战式的语言陷阱

这类提问的特点是，从求职者最薄弱的地方入手。

对于应届毕业生，面试官也许会这样问：“你的相关工作经验比较欠缺，你怎么看？”对于女大学生，面试官也许会这样问：“女性常常会对自己的能力缺乏自信，你怎么看？”

如果回答“不见得吧”“我看未必”或“完全不是那么回事”，那么也许你已经掉进陷阱里了，因为对方希望听到的是你对这个问题的看法，而不是简单、生硬的反驳。

对于这样的问题，你可以用“这样的说法未必全对”“这样的看法值得探讨”“这样的说法有一定的道理，但我恐怕不能完全接受”为开场白，然后婉转地表达自己的不同意见。

面试官有时还会哪壶不开提哪壶，提出让求职者尴尬的问题。如：“你的学习成绩并不很优秀，这是怎么回事？”“从简历看，大学期间你没有担任学生干部的经历，这会不会影响你的工作能力？”……

在面试中屡战屡胜的小麦就有过一次这样的面试经历。小麦的学习成绩并不算顶尖，在应聘一家咨询公司的面试中，这一点便成了考官发起攻击的要害：“你的学习成绩好像不太出众啊，你怎么证明自己的学习能力呢？”小麦不慌不忙地说：“除了学习，我还有其他活动。不是只有成绩才能反映一个人的学习能力的。其实我的专业课都相当不错，如果你有疑问，可以当场测试我的专业知识。”小麦巧妙地绕开了令人尴尬的问题，将考官的注意力引导到他最拿手的专业知识上。

（3）面对诱导式的语言陷阱

这类问题的特点是，面试官往往设定一个特定的背景条件，诱导对方做出错误的回答。因为也许任何一种回答都不能让对方满意，这时候，你的回答就需要用模糊语言来表示。

值得注意的是，有一种特别诱导式语言陷阱，对方的提问似乎是一道单项选择题，如果你选了，就会掉进陷阱。比如说，对方问：“你认为金钱、名誉和事业哪个最重要？”

对刚刚毕业的大学生来说，这三者当然都重要。可是对方的提问却在误导你，让你认为“这三者是相互矛盾的，只能选其一”。这时候切不可中了对方圈套，可以首先明确指出这个前提条件是不存在的，再解释三者对我们的重要性及其统一性。

你可以这样组织语言：“我认为这三者之间并不矛盾。作为一名受过高等教育的大学生，追求事业的成功当然是自己人生的主旋律。而社会对我们事业的肯定方式，有时表现为金钱，有时表现为名誉，有时二者均有。因此，我认为，我们应该在追求事业的过程中去获取金钱和名誉，三者对我们都很重要。”

与此相类似的还有一种误导式陷阱。面试官早有答案，却故意说出相反答案。若你一味讨好，应和面试官的错误答案，面试的结论一定是，此人无主见，缺乏创新精神，自然被列为淘汰之列。

有时，面试官还会提出这样的问题：“你对琐碎的工作是喜欢还是讨厌，为什么？”

这是个两难问题，可以这样表述自己的态度："琐碎的事情在绝大多数工作岗位上都是不可避免的，如果我的工作中有琐碎事情需要做，我会认真、耐心、细致地把它做好。"这就既委婉地表达了大多数人的普遍心理——不喜欢琐碎工作，又强调了自己对整齐有序事情的敬业精神——认真、耐心、细致。

（4）面对引君入瓮式的语言陷阱

在各种语言陷阱中，这可能算是最难提防也最具危险性的。

比如，你应聘的职位是一家公司的财务经理，面试官也许会突然问你："您作为财务经理，如果我要求你一年之内逃税100万元，你会怎么做？"如果你当场抓耳挠腮地思考逃税策略，或顺口说出一大堆逃税方案，那么你就上了圈套，掉进了陷阱。因为抛出这个问题的面试官，正是以此来测试你的商业判断能力和商业道德。要记住，遵纪守法是员工行为的最基本要求。再比如，你正要从一家公司跳槽去另一家公司。面试官问你："你们的老板是不是很难相处啊，要不然，你怎么会跳槽？"也许他的猜测正是你要跳槽的原因，即使这样，你也切记不要被这种同情的语气所迷惑，更不要顺着杆子爬。如果你愤怒地抨击你的老板或者义愤填膺地控诉你所在的公司，那么你一定完了，因为这样就暴露了你的不宽容。

面试中，面试官也许会设计出各种各样不同的语言陷阱，但是只要你看准了，兵来将挡，水来土掩就是了。

第六章

隐术

——给你的话戴张面具

隐话不是说假话

隐话并不等于假话。隐话只是把自己的真实意图隐藏起来，让别人摸不着头脑；然后在合适的时机，再予以证实，把真相告诉大家。这是一种策略性的说话方式，是为了达到目标而故意为之。

诸葛亮也是一个隐语高手。

诸葛亮对刘备说："鲁肃一定没有去见孙权，只是到柴桑和周瑜又商量了一些什么计策，来欺骗我们。等会儿你们谈话的时候，你只要看见我点头，便满口答应他的条件。"两个人商量好以后，鲁肃就来了。互相见过，鲁肃说："吴侯很是称赞刘皇叔的德行，他与各位将领商议以后，就决定发兵替皇叔攻打西川。得到西川以后，拿它来与你们换取荆州，把西川作为吴侯妹妹的陪嫁礼物。只是当我们的兵马路过你们这里的时候，希望你们能够供应一些钱财粮草物资等。"诸葛亮听了以后，连忙点头答应道："难得吴侯如此好心！"接着他说道："待到你们的部队到这里时，必然做好准备来犒劳他们。"鲁肃听了心里暗自喜欢（计策得逞，认为诸葛亮上当）。

在这里，诸葛亮在早已料到是周瑜的计策的前提下，却说"待到你们的部队到这里时，必然做好准备来犒劳他们"，这句话其实有两层意思，只是老实巴交的鲁肃听不出来罢了。一层意思是当你们的部队到来的时候，会好好地犒劳你们；第二层意思是说“好好”地犒劳你们，但怎么犒劳你们是我们自己的事。可怜鲁肃与周瑜信以为真，真的带着部队来，以为可以阴谋得逞了……就这样结结实实地上了诸葛亮一次当。

跟诸葛亮学说话

说隐话的方式有以下几种：

（1）以退为进法

放暑假时，为了让孤儿们得到社会的关注，过一个愉快的假期，某高校决定组织青年志愿者向本市一所孤儿院献爱心。

负责老师向所有志愿者郑重提出：“希望每位成员能带一名孤儿到自己家中共同生活一个暑假，让他们得到家的温暖。”把好不容易盼来的假期全部花在照料孤儿身上，这的确有些勉为其难，当时就遭到了大家无声的拒绝。

短暂的冷场后，负责老师微微一笑，说：“我知道这样可能使大家为难了。这样吧，我尊重大家的选择，把原计划改为每周抽出一天时间陪孩子一起逛逛公园、做做游戏什么的，这样总可以了吧？”这一提议获得大家的一致通过。

其实，这只不过是负责老师说话的一个策略而已。他的真实用意实际上就是希望志愿者每周能抽出一天时间陪陪孤儿，只不过他明白，在暑假里，即使这样一个请求，实践起来也是有一定难度的。于是在提出这样一个请求前，他干脆提出了一个更大的请求——让他们整个暑假照料孤儿，这一请求不出所料地遭到大家的拒绝。只不过，在已经被拒绝一次的情况下，再提出一个请求，大家也就不好意思再拒绝了。而且两次请求相权衡，大家自然会选择后者。这样，看似退让，但无形中本来很难达到的目的就实现了。

（2）轻松玩笑法

一个打工者在一家外资企业打工，因为其见解独特，在较短的时间内，连续两次提出合理化建议，使生产成本分别下降了30%和20%。洋老板非常高兴，对他说："小伙子，好好干，我不会亏待你的。"

这个小伙子当然知道这句话可能意义重大，也可能一文不值。他想要点实在的，便轻松一笑，说："我想你会把这句话放到我的薪水袋里的。"洋老板哈哈一笑，随即爽快答应道："会的，一定会的！"不久这个小伙子便获得了一个大红包和加薪奖励。

面对老板的鼓励，小伙子如果不是这样开玩笑，而是坐下来认真严肃地提出加薪要求，并摆出若干理由，那岂不是煞风景，甚至可能适得其反。

一个玩笑，往往能引起感情上的愉悦，而一本正经的话则往往使人紧张。只要有可能，最好能把严肃的请求用轻松玩笑的方式表达出来，对方可能更容易接受。

（3）满足需要法

19世纪初，在维也纳上层社会的妇女中，时兴一种高筒、宽檐的帽子，帽檐上装饰着五颜六色的羽毛。当这些女士进入剧场时，坐在她们后面的观众往往就只能看到她们的帽子而看不见舞台，于是不少观众向剧场经理提出抗议。

剧场经理发现只是一味地请求女士们脱帽，女士们谁也不理睬他。后来，经理眉头一皱，计上心来，只听他对女士们说："本剧场照顾年老的女士，只有她们可以不必脱帽。"此言一出，剧场中所有的女士都摘下了帽子。

剧场经理在这里运用的求人法就是满足需要法。现代心理学指出，人的行为的驱动力是动机，而动机的基础是需要。所以，只有从满足人们的某种需要入手，激起相应的动机，才能使人做出相应的行为。上面这个故事中，维也纳上层妇女都有希望自己年轻貌美的心理需求，因而讨厌别人把她们看作老妇。剧场经理正是针对这一心理特点故意说“只有年老的妇女可以不必脱帽”，这从反面激起了这些妇女维护自己年轻的心理需求。

所以，在求人时，只要准确了解了人们的心理需求，并采用适当的方式予以激发和满足，就能使对方做出你所希望看到的行为。

说隐话要有技巧

在著名的川剧绝活——“变脸”中，观众往往对演员的精彩表演赞叹不已。然而，无论演员的脸如何变化，任何一名观众都知道，隐藏在面具后面的那一张脸才是他真正的脸。

在现实生活中，这样的招数也往往被人们所采用，具体一点，就是一些高明之士善于说“隐语”，把真实的话藏在一张“面具”背后，从而成功掩饰自己的真实目的，达到混淆对手视听的效果。

在东吴舌战群儒时诸葛亮与程德枢的对话：

程德枢说："你是一个好说大话的人，不一定就像别人说的那样有真才实学。（如果总是这样的话）就会被真正的有才能的人所笑话。"诸葛亮答道："儒士有君子和小人的区分。君子一类的儒士，忠诚于自己的君王，爱护自己的国家，守护正义，厌恶邪恶，一生都在追求使自己的所作所为为当时的时世做出一定的贡献，以便使自己的名字能够为后世的人所知晓。而像小人一样的儒士，只知道像只虫子一样死学不知变通，只知道学习如何做文章，拿自己的青春来写作，一直到了白头时仍然在钻研那些理论。写文章时纵使有千言，实际在他的心中却没有一个实用的（治国安邦的）策略。比如说像杨雄那样的人虽然以他的文章闻名于当时，却为王莽这样的乱臣贼子所用，最终跳楼而死。这就是小人一类的儒士，虽然能够一天写上万句的文章，那又有什么用呢？"

诸葛亮并没有明指程德枢就是这样的腐儒，但是明白人都能听得出来是在说他，这是诸葛亮使用了隐语的缘故。同时，诸葛亮在话语中留了情面，并没有过分严厉地指责他的无理刁难，而是谆谆告诫对方，只知死学不知活用的学习方法是没有用处的，最后只会误了自己的青春。面对这样的回答，程德枢自然是无话可说。

跟诸葛亮学说话

在日常的社交活动中隐话的合理使用要想收到很好的效果，就要掌握以下的说话技巧：

（1）委婉深曲

委婉深曲是指在旁敲侧击中留给对方去得出某种结论的余地，以避免可能出现的争论。

合理运用语言既要表达一定的主旨，又不能因为主旨使语言干燥乏味。成功的语言运用应该是主旨明确，情趣盎然。但在适当的时候用暗示的方式表达出自己的意思，往往能收到更好的效果，一方面可以避免谈及一些不易出口的请求，同时亦能给自己留下较大的回话余地。

（2）直言曲达

语言总要表达某种意思，亦即说话者要达到表明自己的态度和感情的目的。但这个意思是通过迂曲委婉的语言来达到的，这也是利用了人们思维表达的曲折性和复杂性的特点。

要达到最佳效果，不一定都要用直言不讳的说法，用委婉的说法可能会达到预想不到的效果。

（3）目的性强

隐语有时和幽默语言是难以截然分开的，只是目的性更强但表达方式更隐晦。

在日常生活中也有这样的例子：当你要求别人做一件事，或是指责别人哪里有过失的时候，你要尽量选择令对方感到有回话余地的话，把主动权送给对方。

例如某一员工衣帽不整，有碍企业形象，直接指出会使对方颜面尽失，你可以说："这样还算挺好的，但如果能够再把这个颜色换一下，会更好些。"这样的话语就会使员工乐于接受，也就愿意改正。

委婉的语言是曲折地表达自己的意思，听话者感到你是在为他着想，或者感到合情合理，这就更容易达到自己的目的，也给人以教育或启迪。

（4）余味无穷

隐语表达的境界，是以浅显的语言表达令人玩味的深意。

在表达自己的要求或意见时，要用隐蔽的方式来表达，语言浅显易懂，含义却值得咀嚼。

（5）追求谦和

隐语是对原则态度的软包装。

隐语与油腔滑调、旁敲侧击甚至指桑骂槐是截然不同的。隐语只是一种语言表达方式，而意思必须是要坚持原则，态度明朗，感情真挚。

隐语表达了说话者的一种谦和态度。这种情感必须是真诚的，在表现上是庄重的，既要讲究礼貌，又要注意分寸。过分狂热肉麻的话只能令人腻烦，过于凄凉的话又让人觉得冷漠。

隐语的运用体现了对对方的尊重。对别人尊重的同时也体现了对自己的尊重。它能体现出一个人的知识素养和处世态度。一个斤斤计较、心胸狭窄的人是很难做到运用隐语的。宽容是一种美德，隐语是这种美德的外在表现。隐语与隐晦、含混是有区别的。它虽然不是直白地说出来，但仍要求表意准确，叫听者脑子一转就能明白，或根据语境的提示、暗示等很快领会本意。

隐语表达的意思是明确的，只是语言的表达是迂回的。有些人说话吞吞吐吐，词不达意，这是说话者本身思维不清晰；有些人拐弯抹角、含沙射影，是说话者的心术不正。好的隐语，应该是隐而不晦、柔而不弱、闪而不避、曲而不涩，用这样的语言表达的含义可能会比直接表达给人的印象更深刻。

笑语背后的智慧

笑语，也就是我们常说的幽默，在口才艺术中占有重要的地位。它能起到一般的话语所不能起到的作用，假如你所面对的对象听不进任何方式的话时，你可以试试幽默，从中也许你就会发现它的魔力。

诸葛亮是一个幽默大师。

当曹操上了诸葛亮的当，白送给诸葛亮数十万支箭时，诸葛亮在离去以前还命令士兵们齐声喊道："谢谢曹丞相的箭（这些箭必然是拿来再射回到曹操的士兵身上）！"曹操好不恼怒。

当周瑜安排下计策利用孙权妹妹来诱骗刘备时，诸葛亮却将计就计，不但破了周瑜的计，还让刘备把孙权的妹妹也娶了回来。在离去时，还命令蜀国的士兵齐声大喊："周郎妙计安天下，赔了夫人又折兵！"周瑜听了这话，然后又暗自琢磨："我的计策没有成功（反而赔上了孙权的妹妹），我还有什么脸面去见吴主孙权呢？"随即他大叫一声，箭疮崩裂，当场不省人事。

这样的幽默虽然有点过分，但是诸葛亮却用之如神，把幽默也作为打击对于的　种手段。只有真工的赢家才有幽默的资格，诸葛亮显然就是这样的最大赢家。这显示了诸葛亮的高超智慧。

跟诸葛亮学说话

日本人寿保险业中，有一位大名鼎鼎的推销员，名叫原一平。他天生矮个子，身高只有1.45米。他曾经为自己矮小的身材而苦恼，但后来他想通了，认识到遗传基因是难以改变的，克服矮小的最佳办法就是坦然接受，然后设法将缺点转化成优点。

一次，原一平的上司高木金次对他说：“体格魁梧的人，看起来相貌堂堂，在讯问时较易获得别人的好感；身材矮小的人，在这方面要吃大亏。你、我均属身材矮小的人，我认为必须以表情取胜。”原一平从这番话中获得很大启发。从那时起，他就以独特的矮身材，配上他经过苦练出来的各种幽默语言，在向客户介绍情况时，经常逗得大家哈哈大笑，使人觉得他可爱可亲。他登门推销人寿保险业务时，经常有以下一些对话：

“您好！我是明治保险的原一平。”

“啊！明治保险公司，你们公司的推销员昨天才来过，我最讨厌保险了，所以他昨天就被我拒绝了！”

“是吗？不过，我比昨天那位同事英俊潇洒吧！”原一平一脸正经地说。

“什么？昨天那位仁兄长得高高瘦瘦的，哈哈，比你好看多了。”

“矮个子没坏人，再说辣椒是越小越辣啊！俗话不也是说‘人越矮，俏姑娘越爱’吗？这句话可不是我发明的啊！”

“哈哈，你这个人可真有意思。”

就这样，原一平与每一个顾客交谈后，双方的隔阂就消失了。他常常给人留下很深刻的印象，同时，生意往往就这样很快做成了。他以出色的幽默推销术连年取得全国最佳的推销业绩，被尊称为“推销之神”。

交谈中的模糊语言

在交谈中，如果遇上不便透露更多细节的时候，偏偏对方又在追问你，你该怎么说？告诉实情当然是不可取的，但是不适当透露一点对方也不会满意，会认为你是在故意隐瞒，这样的结果不是双方所希望看到的。这时，你就要使用一些模糊语言来应对。

先看看诸葛亮是怎么说的。

诸葛亮在东吴时，张昭询问刘备为什么会落到这种地步（到处流浪），诸葛亮是这样回答的。

张昭说："我只是江东的一个地位低微的小官吏，很久以前就听说先生你隐居在隆中，拿自己与战国时的名臣管仲、乐毅相比，这样的话果真是你说过的吗？"诸葛亮说道："这只不过是我平生的一个小小的比喻罢了。"张昭说："近来听说刘备三次去隆中的草房（你的住处）之中拜见你，很幸运地得到先生辅佐，认为（他）就像一条鱼得到了可以活命的水一样，于是就打算在你的协助之下一举攻下荆州襄阳等地方。现在这些地方都已经被曹操攻下，不知道刘备是什么打算？"诸葛亮说："以我看来如果要（从曹操的手中）攻下这些地方，容易得就好像把手掌翻过来一样。只是我的主公刘备一向以仁义作为自己行事的准则，不忍心去攻打同宗后代（刘表、刘璋）的基业，所以极力地避开（攻打）这件事。刘琮是个没有主见的人，听信小人的错误建议，偷偷地投降了曹操，致使曹操很轻易地得到了这些地方并由此而猖狂一时。现在我的主公把部队驻扎在江夏，就是有另外的好的谋划，这个不是一般的人所能知道的。”

刘备因为时运差一些，连自己的安身之地都没有，这无疑是刘备一方所忌讳的。然而，东吴的首席谋士张昭却十分“关心”这一点，不过，说白了，他就是想刁难诸葛亮。这种小问题当然难不倒诸葛亮。诸葛亮巧妙地运用了模糊语言“另有更好的谋划，这不是一般的人所能知道的”，把这个原因归根于自己一方的机密，自然也就堵住了张昭的嘴，使其无法再追根问底。诸葛亮的口才又一次发挥了作用。

跟诸葛亮学说话

这里说的“模糊语言”是不是同“说话要清晰准确”的要求自相矛盾呢？其实不然。这里讲的模糊语言是交谈中的一种策略，前提是交谈者并不是表述不清，而是为了某种需要和不便，人为地制造模糊。

在交际中使用模糊语言有以下几种情况：

第一，在日常生活中，有些话不必说得太直、太具体，就可以达到目的，如说得太死、太具体，反而容易被动。

例如，一对恋人上街时，男的突然想起忘了一件东西，说：“请等我一会儿，我去去就来。”这个“一会儿”，到底有多长？是五分钟、十分钟，还是十五分钟，没有确定的意义，但对方会很准确地理解为不太长的一段时间，会耐心等待。

这种说法，比使用确定的语言表述要好。如说：“请等我五分钟。”结果因为某种原因，耽搁了十分钟，而对方是个时间观念很强的人的话，就可能造成不愉快。

在日常生活中恰当地使用模糊语言，能使自己有一定的灵活性。

第二，从交际策略的需要出发，有意识地使用模糊语言，能免去被动，争取主动。

比如，朋友邀请你去做客，你自己无法确定具体时间，就可以说："中秋节前后，我一定去一趟。"这样很灵活，可以在中秋节前，也可以在中秋节后。

在外交上这种情况就更多一些。如国际交往中，一方领导人当面向另一方领导人发出访问邀请，如果这一邀请事先未商定，被邀请的一方对于是否应邀没有把握，而出于礼貌又不便当场拒绝，则通常说："我很高兴接受您的邀请，将在方便的时候访问贵国。"这样，如果日后无意往访，可用各种"不方便"为托词。

再如，对突发事件，在尚未弄清来龙去脉，又不得不立即做出反应时，也需要这种伸缩性很大的模糊语言。也有人称之为"外交字眼"。如："我们注意到XX事态的发展。""我们注意到了贵国领导人的讲话。""注意到了"只表示"知道了"，但并未讲明自己的观点，使自己拥有主动权。

对本来已经清楚的事实或想法，出于某种策略的考虑，故意使用含义广泛的模糊语言，可以使你的话具有某种弹性，能收到良好的效果。

如有的企业主管为了纠正某种不良倾向，又不至于使矛盾激化，便使用模糊语言："最近一个星期，我们员工的纪律状况总的看是好的，绝大多数员工都比较自觉，但也有极个别员工表现较差……"这里，使用了一系列的模糊语言："最近""绝大多数""极个别"等。

这是一种批评的艺术，它从保护有缺点的员工的自尊心出发，既照顾了面子，又指出了问题，可谓一举两得。

遇上难事找借口

人生在世，免不了要遇到各种各样的麻烦。

其实，所谓麻烦的事，绝大多数并不麻烦。倘若将处事方式稍微变通一下，麻烦往往便随之消失。

一种很有效的办法是制造借口。

鲁肃接受了周瑜的命令来诸葛亮这里探听动静。诸葛亮对他说：“我曾经告诫你，不要对都督说我知道那件事。没想到你不肯为我保守秘密，现在果然周瑜又要找事来谋害我。三天之内怎么能够造出十万支箭呢？现在只有你能够救我了！”鲁肃说：“你自己在周瑜面前领来的事，又怎么能够怪我呢？再说我又怎么能够救你呢？”诸葛亮说：“希望你能够借给我二十只船，每只船上要安排三十名士兵，船的外面都要用青布蒙起来，每只船的两边还要扎上一千个草把。这样布置船我另有妙用。到第三天的时候我保管能够拿来十万支箭。只是这件事就不要再告诉周都督了，如果他知道了，我的计策就行不通了。”鲁肃答应了这件事，却想不通（诸葛亮这样做）是什么用意。回去见了都督果然没有说起（诸葛亮要船）这件事，他只是说：“诸葛亮并不需要用那些造箭的材料比如竹子、雕翎、胶水和漆等，他自己有自己的办法。”周瑜非常迷惑不解：“那就等到三天以后，看他拿什么来交差吧！”

三日内拿出十万支箭，就是诸葛亮这样聪明的人，也觉得这是一件难事，必须要寻求他人的帮助，比如鲁肃。但是又不能直说，那样的话会遭人耻笑。于是他很巧妙地找了一个借口，埋怨鲁肃不肯为他保守秘密，以至于惹出事来。老实巴交的鲁肃自然不知诸葛亮的用意，只好答应帮忙，并且还不把这样（调动士兵和战备物资）的事向他的上级周瑜汇报，而是隐瞒了事实（因为未曾帮诸葛亮保守秘密受到诸葛亮的埋怨），真正地帮了诸葛亮的大忙。如果不是这样，也就没有草船借箭的佳话流传了。

跟诸葛亮学说话

在某个场合，你见到一个非常想见的人，如一个你很倾慕的异性时，你很想再见他（她），但太直率，未免会令人尴尬。这时你不妨找一个借口，比如在你离开时，装作无意带走一样东西，或似乎粗心地忘记一些什么。于是，你便可以再次很自然地拜访他（她）。

约会时迟到了，对方明显地不悦，这时你不妨试用制造借口的方式："车太挤了""表停了""我的上司正在找我有要事相商"，等等。

但这些借口太平常了，以至于很难形成冲击力缓解对方的不快。

你可以这样说："我打电话给过你的同事啊，告诉你我要推迟半个钟头，接电话的人没有转告你吗？"这是一种以守为攻的借口。

"对不起，我刚才已经来了，不过我们主管就站在你旁边等车，没注意到？就是那个穿西装的，我不太好意思过来……"这是出奇制胜的借口。

一个巧妙的借口，可以把需花费半天口舌也未必能说清，甚至还会伤害彼此的麻烦事化为无形，它在人们的日常生活起到了类似润滑油的作用。

借口还可以借助于某种媒体，很艺术地创造出来。比如，电话就是一个极好的工具。

一个语言啰唆，但你又不能得罪、怠慢的人在你的办公桌前滔滔不绝地说着无用的话，你没法让他停下来，也不能推托有事而跑开。这时，你不妨写个小条子递给身边的同事：“到隔壁打个电话给我。”

几分钟后，电话响了，你边听边说道：“什么？马上去？不行，我这里有个很重要的客人，他的事很要紧。什么？非去不行……好吧。”

于是，你可以非常抱歉地送走那位饶舌的来客，而且也没有伤害他的自尊心。

借口不是欺骗，欺骗有明显的损人利己的功利性，而借口没有。借口实在是一种非常有用的口才技巧。

第七章

强术

——气球是这样吹大的

巧言“包装”自己

面对对方质问你的短处的时候，如何“包装”自己的短处，以便不给人留下把柄，这是一门极高深的口才艺术。

在诸葛亮用了空城计，惊走司马懿之后，众位幸存下来的官员问诸葛亮：“司马懿是魏国的大将，带领15万大军来到这个地方。为什么一见到丞相，便迅速离去呢？”诸葛亮说道：“他认为我一生都是非常小心谨慎的，绝对不会去冒这么大的风险。见到这种情形，便马上怀疑有埋伏在等着他，这就是他退兵的原因。而我之所以冒这么大的风险，完全是因为迫不得已才这样办。他必然率领军队从山北面的小路退走，我已派遣关兴、张苞二人率兵在那里等候。”众人都非常服气地说道：“丞相的用兵之道，就连神鬼都无法知道。如果换成我们在这里，必然放弃城池逃走了。”

本来，面对司马懿的大军进攻，诸葛亮手里竟无兵可用，这是派兵上的失误，也是诸葛亮在作战和调兵遣将中为数不多的失误之一。然而面对众位幸存下来的官员的询问，诸葛亮却巧妙地对之进行了“包装”，结果使自己的失误反而变成了自己的妙计（不管怎么样，性命是保住了），并使众官员心服口服。试想一下，如果这条计策失败了呢？那么，蜀国的众位官员至少失去一半（诸葛亮一个人便可以抵一半官员），这可以说是天大的失误，而不是诸葛亮的妙计安排，因为事先他并没有料到司马懿会带重兵前来。百密难免一疏。不过，诸葛亮的口才在这里再一次发挥了作用，为自己巧妙解围。

跟诸葛亮学说话

扬长避短是人的本能，比如在某些场合，你被对方问到了自己的短处，该不该承认自己的短处，以及如何承认自己的短处，才能不给人留下你过于谦虚和无能的印象，是与人成功交际的难点。这时，对于一个人来说，如何巧妙地用语言“包装”自己的短处，才能化短为长，使你的短处反而转化为你竞争的优势，从而成为一个真正的口才高手，在前进的道路上无往而不胜，来看下面的几个方法。

（1）明“短”实“长”法

小王在面试一家大型外资企业时被问道：“你认为你自身有什么缺点呢？”其他面试的人都只是简单地谈了谈自己的缺点，比如“缺乏实践经验”“组织能力差”“交际能力差”等。经过短时间的思考，小王回答道：“周围与我共事的同事们都说我是个完美主义者，执着地追求完美使我在工作上不断完善品质，为了一点瑕疵，我宁可推倒重来。但我越来越觉得这样的态度在职场上是不恰当的，因为工作是需要以团队合作的方式完成，过度追求完美使我面临得罪同事、越俎代庖、延误工作进度、降低工作效率等情形。现在我会不时地提醒自己，在工作的态度上绝对是要全力以赴，有些小节则可视大局而定，不用事事拘泥，让自己和周围的人都承受很大的压力。”

每个人都有缺点，其他面试人说的那些缺点对于任何职位来说都是非常重要的能力，暴露给考官，势必会影响到面试的分数。小王的回答好像是在揭露短处，但实际上是在表露自己有毅力、一丝不苟、正视自身缺点、虚心改正的优点，既回避了自身短处，又一次突出长处，给考官加深印象，获得面试的成功。

（2）坦白承认法

在一次公务员考试面试中，考官看到考生小何的简历中有曾经留过级的记录，便问道："为什么你留过级？"作为一个学生，留级是不光彩的事情，可能表明你不是一个好学生。当被问及此类问题时，考生大多都会自乱分寸。小何却非常镇定地回答："我也觉得留级很不应该，当时我担任社团的负责人，全身心投入到社团活动中，反而忽略了自己当学生的本分，等我察觉到这个错误时，我已经留级了。虽然我在社团中花了不少的心血，但同时也带给我不少的收获，可是每当想到自己因此而留级，就觉得很不应该，我一直都为此事耿耿于怀，更不愿重蹈覆辙。"

为自己的短处找足理由往往无济于事，重要的是如何使面试官在感情上认同你谈到自身缺点的态度。小何诚实地承认了自己的缺点，并没有为此找各种理由开脱。考官会认为你是个知错就改的人，这样可以消除误会缩短距离。

（3）自亮家底法

小伍在公安局刑侦队工作努力，表现突出，颇受领导和同事的赏识和认可。不久前，刑侦队副队长退休了，所有的人都认为小伍是最有希望当上这个副队长的。可就在测评前两天，小伍的父亲突然怒气冲冲地进了小伍的办公室，当着同事的面，扇了小伍两记耳光。这事在单位传开了，种种猜测随之而来。

测评那天，没想到小伍竟然自己主动把事情“抖”了出来：

“我热爱我的工作，迄今为止，做一名优秀的刑警一直是我的目标，我丝毫未敢懈怠过。但正因为如此，我不得不承认，我是一个失败的丈夫，常年不在家里，没有给过妻子多少帮助和体贴，所以，妻子前几天和我提出了离婚，我的父亲非常生气，跑到办公室来教训我。我确实是一个不合格的丈夫和不合格的儿子……”

话说到这里，下面的几位女同事感动得流了泪。人们听了小伍的话，不但消解了前些天的疑问，也没有责备他对家庭的疏忽，反而被他舍小家为大家的工作精神感动了。

小伍在测评前夕，竟然发生了被父亲当着同事的面打耳光的事情，可谓是出师不利。可小伍在被流言蜚语攻击之前，主动地亮出了家底，批评了自己对家庭不够尽职尽责，从另一方面突显了他的工作热情，这样的一番话，帮助小伍迅速转劣势为优势，从而为测评赢得了重要的一票。

（4）非常规解释法

一家大公司招聘营销经理，经过第一轮笔试，10名佼佼者被选入参加面试。可是面试当天，却出现了11名应聘者。总经理诧异地问第11名，为何不请自来。

位列第11名的那位中年男士不卑不亢地说：“贵公司挑选营销经理，应该是能力的竞争而不是学历的竞争，也不仅仅是考试成绩的竞争。我虽然没有过笔试，但我相信，您在面试中见到了我本人，一定会对我感兴趣！”

经理问：“你用什么来证明你的能力呢？”

“我先后在5家公司做过营销人员，有丰富的实践经验。可惜的是，5家公司先后都倒闭了。”

这位男士的话音刚落，立即引来了另外10名竞争者一阵哄笑。经理问：“你工作过的5家公司都倒闭了，只能说是你的劣势啊！”

“在一般人的观念中，成功的才是值得庆贺和珍惜的。但对我而言，我的5次失败经历却是别人无可比拟的优势，虽然我在成功的经验上可能少了点，但我却有丰富的失败教训。我知道什么是在实践中行不通的，知道什么是市场不需要的。因此，在我未来的工作中，我不会再犯同样的错误，那么失败的可能性也将越来越小，等待我的必然是成功！”

结果，这位被笔试淘汰的男士却在面试中胜出，被这家公司选中了。曾经工作的5家公司都倒闭了，按照常规思维，这必然成为他以后求职的绊脚石。可是这位男士却突破常规思维另辟蹊径，将失败给他带来的优势说得头头是道，结果劣势反而成了优势。

很多问题，从一个角度去分析，可能认为它是短处，但如果换一种思维去剖析，没准就变成了你的优势，关键就在于你如何去说，让嘴巴为你打开胜利之门。

善言带来商事兴

“三寸之舌，强于百万之师；一言之辩，重于九鼎之器。”在市场经济时代，口才往往关系到兴衰成败。

诸葛亮说：“曹操来势凶猛，急切间难以抵挡，不如去投奔孙权，让他对我们施以援手。（这样的话）就可以使南（孙权）北（曹操）互相对峙，而我们寻觅良机，于他们之间谋取利益，有什么不可以呢？”刘备说道：“江东有很多的能人贤士，他们必然有一定的长远谋划，哪里会这么容易（上我们的当）让我们从中间取得利益呢？”诸葛亮笑道：“现在曹操带领百万大军，像一只老虎一样占据着江汉，江东（孙权）怎么能不派人来探听军情的虚实呢？如果他们派人到这里来，我愿意借助江东的来意，划一艘小船随来人一同出使江东，只凭借我的三寸不烂之舌，说服南北两军的统帅，使他们互相为敌。如果南军（孙权）胜，就共同联手消灭曹操进而得到荆州这个地方；如果北军（曹操）胜利了，我们就可以借助这个良机来谋取江南的地方来作为我们的地盘。”

诸葛亮的口才不但可以为刘备解围，而且还可以为刘备宽心，更可以定下治国安邦的大计。且不说隆中三分天下的分析形势，就是以上的一番话，也足以为刘备日后建立国家称帝打下坚实的基础。仅仅出使东吴一趟，便为刘备谋下了安身之本，同时还安排了后计。试想，如果没有诸葛亮，刘备自己再加上关、张二人能办到么？答案是不能，恐怕结局只能是被曹操所俘虏，无所作为。可见一个有口才的诸葛亮有多么的重要（因为劝说孙权是要用嘴的，而不是用实力的，何况刘备当时根本没有像样的实力）。

跟诸葛亮学说话

当代商场上，提高商业经营者的口才已经成为商务人士的迫切需求。然而，面对这种现实，国内却有一种偏见，那就是不把口才看作是真才实学，也就更谈不上把口才和交际能力看作是人生的基本功和必修课。有些人甚至认为能说会道算什么？不过是耍嘴皮子罢了！可是真的需要能说会道的时候，他已经来不及磨嘴上阵了。

由于受全球经济一体化影响，今天人们的经济交往比任何时候都频繁，口才的商务作用更加显现出来。

商务人士要和对方交涉，要借鉴对方发展市场的经验，要引进技术，要具备谈判转让或赔偿某一经济事件的能力，还要有在大庭广众之中讲述自己意见的勇气，这些都需要有极好的口才，才能马到成功、事半功倍。

在商业活动中，能说会道，能使顾客满意，生意也就越做越旺；相反，板着脸，说话生硬，不得体，顾客不喜欢，老板也要炒他的鱿鱼。

一天，一位来自某地的客人来到金陵饭店公关部售票台前。

“早上好！”公关经理有礼貌地站起来打招呼。

“我要3张后天去上海的91次软座票。”客人不耐烦地说。

见客人情绪不好，公关经理立即将订票单取出，帮客人登记。当写到车次时，公关经理习惯性地发问：“先生，万一这趟车订不到，311、305可以吗？它们的始发时间是……”

没等公关经理说完，客人连说：“不行！不行！我就要91次。”

公关经理又强调了：“万一……”这番好心反而把客人惹火了：“什么万一，万一，你们是为客人服务的，就不能这么说。”

这时，公关经理立即意识到自己的说话方法欠妥，差一点把客人赶跑。她根据对方反馈的信息，立即转换语气说：“我们一定尽最大努力设法给您买到。”这时客人脸上才露出了笑容。

第二天客人来取票。根据头天打交道的情况，公关经理一改过去公事公办的办事态度，笑眯眯地说："先生，你的运气真好，车站售票处明天的91次票好紧张，只剩三张票，全给我拿来了，看来先生您要发财了。"

客人闻听此言，立即转身跑到小卖部，买了一大包糖回来请公关经理吃。

自那以后，这位客人每次见到公关经理都打招呼，点头微笑。临走时，他高兴地说："下次来南京，一定还住你们饭店。"

公关经理差一点把自己的饭碗砸了，还好，她能够随机应变，及时调整了自己说话的方式。她原先语言硬邦邦，语气冷漠，一副公事公办的样子，客人则神情愤怒、生气，对其不满；当她的语言变得温情、善解人意，语气得体、适宜的时候，客人的脸上则由阴转晴，心里也感觉舒服不少。随机应变才使公关经理渡过了这一难关。金陵饭店的良好服务态度也会使其生意更加兴隆。

今天，差不多所有公司在招聘员工时都有一条附加规定，要求应聘者有一定的口才。为什么要把这一条作为招聘的条件和培训的目标？这自有其道理。

经营任何一种产品，都可能同天南海北各种各样的人打交道，如果公司员工一张嘴就是满口土语或者是词不达意，那么就会被别人瞧不起，可以做成的生意也可能做不成。如果企业的管理者深谙口才的重要性，不用说，这家企业的事业一定会蒸蒸日上。

妙语提出更多要求

想要对方接受你的谈判条件，必须先提出比你原有计划高得多的要求。只有这样，你才能拥有与对方讨价还价的余地，倘若一上来，就把你的底牌亮给对方，那你得到的只会比最低限度少，而不是多。

这一法则十分有效，几乎每一天你都能看到身边的人在运用它。

鲁肃说道："以前皇叔曾经说过，如果公子不在，就会把荆州还给我们东吴。如今公子已经去世了，想必一定会把城池还给我们了，不知道什么时候可以办理移交手续？"

刘备说："你先喝几杯酒。必然会给你一个答复。"

鲁肃勉强饮了几杯，又开口询问。

诸葛亮变了脸色说道："你好不懂得道理，还要等着别人开口！自从汉高祖斩蛇起兵，开创基业，一直传承到现在。不幸到了汉朝末期，各种各样的小军阀都蠢蠢欲动，各自割据一方；到最后必然老天有眼，把世界再拉回到正道上。我的主公是汉朝中山靖王的后代，孝景皇帝的玄孙，现在皇上的叔叔，难道没有资格分得一些地盘吗？何况刘表本来就是我主公的兄长，做弟弟的继承兄长的基业，难道不是名正言顺吗？相比之下，你的主公本来是钱塘一个小官吏的后代，本来对朝廷没有什么贡献（按道理是不应该得到地盘的），倚仗势力，占据六郡八十一个州县，尚且贪心不足，还想要占领更多的汉家地盘。这天下本来是姓刘的天下，我的主公姓刘，倒没有地方安身，你的主公姓孙反倒要强行与我主公相争？况且在赤壁一战中，我的主公也贡献极大，众将士都拼命作战，战争的胜利怎么能够说是你们东吴一家的功劳呢？（一旦我们不帮助你们）一旦江南战败，不要说二位姓乔的女人要被曹操掳走安置在铜雀台，就是连你们这些人的家属，也无法保全性命。原来我的主公没有答应马上归还给你们，是因为看你还是一个聪明人（不用说你也知道），不想给你说破了，没想到你自己却觉察不到！”

一席话，说得鲁肃哑口无言，等了半天才说：“你的话，未必没有道理。不过我却很不方便照你说的办。”

诸葛亮问道：“有什么不方便呢？”

鲁肃说：“过去当你的主公落难时，是我引领你们去见了我的主公；后来（因为你们不还荆州）周瑜要发兵攻打你们，是我极力拦住不让发兵以免伤了和气；再后来你们又说等到刘琦公子去世以后再还荆州，又是我为你们做保证；现在你们却不履行承诺，叫我怎么回去向主公交代？我的主公和周都督必然会降罪于我，我虽然因此死了亦没有什么话说，只怕（你们这样做）要惹恼东吴，发兵前来攻打你们，皇叔你也不能安安稳稳地在荆州安身，到时只怕会被天下人所笑话。”

诸葛亮说：“曹操统领百万大军，我也没有害怕过他，何况周瑜这样一个小小的都督了？如果你害怕回去交不了差，我可以劝说我的主公立下一纸文书，上面写明我们是暂时借荆州作为安身之处，等我们得到别的城池的时候，再把荆州还给你们。这样说你可以回去交差了吧？”

鲁肃说：“你要等得到哪座城池的时候，才肯把荆州还给我们？”

诸葛亮说：“中原短时间内无法得到了；西川的刘璋软弱无能，我的主公想要得到他的地盘。等到我们打下西川时，就把荆州还给你们。”鲁肃没有办法，只好照办。

诸葛亮继续说道："我是皇叔自己人，难道还要我做保人吗？烦劳你也签个名，到时见了你们主公你也好交差。"

最后诸葛亮叮嘱道："你回去见了你们主公，多说好话，劝说你们主公短时间内不要再对荆州有什么妄想了。如果不批准今天立下的这个文书，我一恼怒，索性连你们的八十一个州县一起攻下。现在（这样做）只是为了两家的和气，不想让曹操看笑话（才做出这样大的让步）罢了。"

面对东吴的人索要荆州的要求，诸葛亮并没有像以前那样一味使用"拖"字诀，而是先行强占理，使对方感到自己理亏；然后顺势提出更多的要求，使对方只好照办，从而得到意外的收获。诸葛亮将计策和口才巧妙地结合在一起的时候，他总是最后的赢家。

跟诸葛亮学说话

美国谈判大师罗杰·道森在他的书中将自己培训谈判学员的经验技巧公之于众。在提到跟对方谈判之初必须提出更多更好要求的谈判法则时，他讲述了一个事例：

"我们与墨西哥政府进行了一次关于一大笔国际贷款偿付问题的谈判。他们大约拖欠了820亿美元的贷款。他们的首席谈判家是朱塞斯·赫佐格，他是财政部长。我方的代表有财政部长罗纳德·里根及联邦储备局主席保尔·伐尔科。我们提出了一项有创造性的解决方法，要求墨西哥为我们的战略石油储备提供大量的石油。赫佐格同意这么做，但是，这并没有解决问题。我们建议墨西哥政府支付给我们一亿美元的谈判费。这是一种政治上可行的办法，可以让他们支付我们一部分贷款的自然增长利息。但当洛兹·波蒂罗总统听说这件事后暴跳如雷。他说：‘让罗纳德·里根死了这条心吧，我们不会给美国支付谈判费用的，一个比索都不给。’”

美国政府提出要墨西哥政府赔偿他们一亿美元的谈判费，而墨西哥总统则扬言“一个比索都不给”，看来这下谈判要陷入僵局了。

可结果却是：墨西哥政府付出了5000万美元。

想象一下，如果当初美国政府认为5000万美元的赔偿可以接受，就直接提出此一索赔数额，那结局会是怎样呢？

很显然，这样一来，美国政府只能得到远远低于5000万美元的赔款数额，甚至可能真的就像墨西哥总统所言，一个比索都捞不着。

因为谈判的任何一方对于对方提出的要求绝没有痛快接受的道理，总要想方设法降低对方的要求。而向对方提出比你原计划高得多的要求不仅对自己有利，而且对对方也不无好处，因为这可以给对方一个还价的余地。自己一旦做出“让步”，对方马上就会产生成就感——这是他努力争取的结果。

牵着对方的鼻子走

说话的最高境界就是“牵着对方的鼻子走”，让对方的一切举动都影响不了你，把主动权牢牢地控制在你的手里。这样的人才是最高明的口才专家。

诸葛亮说：“曹真与我有约定。我有一封书信，你可以把它带回去，交给曹真，必有重赏。”他的书信中写道：“汉朝丞相、武乡侯诸葛亮，送书信于魏国的大司马曹真：我私下里认为作为一个大将，就应当能进能退，可柔可刚，能上能下，可弱可强。静时如大山一样，变化时又如天道无常；如天地一样有无穷无尽的智慧，和国家的粮仓一样有充实的胸怀；浩荡如同四海一样。能够预先知道天气的干旱与水涝，能够提前观察到地形的变化和起伏；看透对方布阵的方法，明白对方用兵的短处与长处。像你这样不学无术的纨绔子弟，逆天而行；作战时只知道一开始打就把盔甲和兵器扔下（便于逃跑），都督都被打得心惊胆战，毫无斗志，手下的将军像老鼠一样四处逃窜；再无脸面去见家里的百姓，也无法再回到自己的相府；同时史官也会如实地记下你的每一次失败，百姓也会到处传诵你的‘光辉业绩’……我们的部队（相比之下）兵强而马壮，将军正在跃跃欲试去进攻你们；扫平秦川这样的山脉作为平原，把魏国打得只剩下小丘陵一样的地方！”曹真看罢，怒气填满了胸膛，到了夜里，死在了军中。

面对魏国的主帅曹真，诸葛亮并没有和他互相比拼，消耗实力，而是采取了一种更为高明的策略，那就是“牵着对方的鼻子走”，仅仅用一封书信，就把曹真给“杀”掉。曹真呢，也身不由己，完全被诸葛亮所控制，加上他也是一个空有虚名的人，而且极易动怒，于是就让诸葛亮不费一兵一卒就取得了胜利。

跟诸葛亮学说话

在与人交谈时，高明的人士往往会采取“牵着对方的鼻子走”的策略，把说话的主动权牢牢地掌握在自己的手中，当然，这一切都要建立在高明的口才术之上。

（1）巧妙转移对方的注意力

在心理紧张的情况下使用“流星战术”，转移对方的注意力，往往能收到意想不到的效果。

但是，不同的情况也有不同的处理方法。有个大约3岁的小孩站在一家商店的玩具柜前大声叫嚷：“我要这个！我要这个！”小孩的母亲看到这种情况，便指着天花板说：“戴维，你看，飞碟！”孩子立刻停止哭闹抬头张望，好像已经忘记刚才自己哭闹要求的东西，不久就乖乖地被母亲牵着消失在人群中。

这就是“流星战术”，是一种转移别人注意力的技巧。

所谓“流星战术”，并不只对小孩有效。表面上看它只是哄小孩的把戏，事实上，在心理紧张的情况下使用，往往能收到奇效。在时过境迁之后，大家也许会感觉到自己受骗了，可是在当时却都会落入这个圈套之中。如果对象是个容易受骗的人，这种战术更易奏效。

某公司的经营者，在跟劳工代表交涉，快要做出决定时，突然说道：“喂！先生，你的声音相当不错，好响亮啊！”顿时，当场的气氛有了很大的改变，劳工代表们面面相觑，不知该说些什么好，整个会场陷入一片寂静中。

像这位经营者，能把对方的气氛一瞬间扭转过来，的确是将“流星战术”发挥得淋漓尽致了。

（2）打断战术的运用

争论时，对于难缠的对手，应该采取打断战术，即扰乱对方的思路，或故意把话题转到别处。

你是否有过这样的体会？当你充分准备好了自己所要讲的内容，而在正式开始叙述时，若在不被任何人打断或其他因素干扰的情况下，你会滔滔不绝、口若悬河地完成你的演讲。反之，若有人三番五次中途打断你的话，你的讲话就会变得杂乱无章。

在日常生活中最难说服的就是那些思路清晰的人。若想以理论对付这种人，反而会陷入对方的圈套，可是如只是默默地听他说话，又会使他在心理上占了优势。所以，对于这种难缠的对手，应该先扰乱他。如可以频繁地说着："嗯，有道理。"有时也可以将头转向别处。当对方被打断后，他的思路自然就会受到影响，露出弱点，使你有反驳的机会。

（3）以静制动的技巧

以悠闲的态度及缓慢的语调与正处于激动状态的对方沟通，使其能够平心静气地进行交流。

当在打紧急求救电话时，相信常会遇到这样的情况：求救者的口吻急促甚至紧张得口齿不清，而听者却口吻镇定，问话清晰。为此，曾有人抱怨说这是因为接听者不在现场或司空见惯的缘故，其实不然。

因为一旦犯罪事件或火灾发生时，大部分人都会因为太紧张，因而说话不得要领。所以，接受报告者能以镇定的口吻应付，报告者的情绪自然会稳定下来，而将真实情况报告出来。

如果不是如此，又会有什么结果呢？譬如接电话者一接到电话，就急匆匆地问道："失火了？在哪里？是你家吗？火灾现场在哪里？你亲眼看到的吗？那边的电话号码是多少？不！那边的住址是什么？快！快！……"

就这么一问，相信报告者连自己的地址都说不出来了。

控制对方，并非全凭三寸不烂之舌，利用说话速度和动作都可达到目的。在日常生活中，当你的意见遭到反对，应该以缓慢的语调来应对，不要直接触及正面理论。有时，故意掏烟点火，或慢条斯理地重复对方所说的内容，或将之记载在备忘录里以拖延时间，也是很有效的。

出租车公司在处理车祸事件时，也常用这种心理技巧，以悠闲的态度及缓慢的语调，稳住正处于激动状态的对方。

当你遇到一些极端的情况，比如在谈判中对手仰仗强大的实力，向你施压、逼你让步时，这时你该如何应对？当然，硬碰硬是绝对行不通的。

这时你就可以采取以下的策略：

①在貌似强大的对手面前，自己的态度要坚毅刚强，旗帜要鲜明，要抱定必胜的信心，矢志不渝。

②用以揭露强敌的理由要充足有力，举证要确凿无误，不让对手有空子可钻。

③触机便发，言辞犀利，字字句句都要极富分量，发挥作用。

④釜底抽薪，当头棒喝，要让对手感到，再不还以公道，将产生严重后果时，就悔之晚矣。

如此这般，哪怕是对付那些强权的对手，也能稳操胜券。这一点，也正是采取“以子之矛攻子之盾”的讲硬话的方式中最突出的优势。

不仅如此，反击的言论或举动还应比对方的高出一筹，这样，才能在两相对照中，既保持主动地位，又能够打动对方，产生巨大的说服力或震慑作用。

第八章

迂术

——绕个弯也能到现场

间接指出对方的过失

当你指出别人的错误时，特别是对你的上级提意见时，一定要小心谨慎，话语上更是要避免直来直去。否则，你会因此惹祸上身。

让我们看看诸葛亮是怎样指责刘备的。

刘备按照诸葛亮的交代，把周瑜应付回去了。然后刘备问诸葛亮："刚才先生教我这么说话。虽然说了，但又一想，这样做也不一定是对的。我现在是孤单一人，无处安身，打算先得到南郡作为安身之所；如果先让周瑜攻打，一旦被他拿下，这座城池就是东吴的了，又怎么能够让我们在这里居住呢？"

诸葛亮说："当初我劝你去攻打荆州（包括南郡），你不听我的，现在又后悔了！"

刘备说："以前是刘表的地盘，都是姓刘的，我不忍心翻脸攻打他；现在已经变成曹操的地盘了，按理说就可以去攻打了。"

诸葛亮说："你不必担心。尽管让周瑜去攻打好了（以他的能力是打不下来的），早晚让你在南郡城中安安稳稳地居住。"

刘备说："你的计策是怎么样的呢？"诸葛亮秘密地对他说："只需要如此如此……"

刘备听了大喜，就在江口驻扎，不再焦虑不安了。

先前如果刘备听诸葛亮的话，心狠一点，借机攻下荆州，也就不会苦于无安身之处而东奔西跑。刘备的死守仁义使他自己在对贤能之士们有号召力的同时也吃尽了苦头，诸葛亮很委婉地指出了刘备的这一弱点（刘备是其直接领导，必须讲究方式），然后又指点刘备一条巧取荆州的计策，刘备自然是大喜过望，听从了诸葛亮的建议。在以后攻打西川的过程中，他就明显地改变了策略，不再一味地讲究仁义，从而使自己最终成就大业——建国称帝。

跟诸葛亮学说话

常言道：“人非圣贤，孰能无过？”人都免不了会犯这样那样的错误，且人们犯了错误都很难及时醒悟，甚至不愿承认。这样，就有必要有人对他人的错误及时给予纠正，而纠正他人的错误又是一种得罪人的事。

小黄刚到公司上班的第一天，晚上加完班，老板为了犒劳大家，请大家去唱卡拉OK，小黄和部门同事兴高采烈地接受了邀请。进了包房，小黄很自然地在离自己最近的一个沙发坐下。老板进来后，发现沙发已经被坐满了，就顺势坐在小黄身边的一把椅子上。

过了半个小时，老板离开了。小黄万万没想到，老板一走，其乐融融的气氛大变，室温仿佛骤然下降了十几度。一个男同事语气激动地指责小黄：“你这人怎么这么没眼色？老板坐在你旁边，都不知道让个座？真是太不懂事了！”

长到23岁，小黄从没被人这么大声训斥过，尤其是还当着全体同事及

KTV服务生的面。她的脸一下子红到了脖子根，委屈的眼泪也忍不住在眼眶里打转转，心中不禁无限懊恼："啊，自己怎么就缺根筋呢？老板以后会怎么看自己？"

这位男同事的初衷可能是想教小黄在职场上如何做人，但说话方式不太恰当，不仅让小黄尴尬，也破坏了当时的气氛。其实，如果当时他主动给老板让座，别人看在眼里，自然能心领神会，效果不是更好？

并不是每个人都能始终很乐意倾听他人的批评，接受他人的批评的。有的人做错了事，不但不会坦然地承认，反而还会找出种种理由为自己的错误辩护。从人的心理来看，即使是极小的疏忽或错误，也不可能每个人都能在一经指正之后就坦率地、不做解释地承认。但是，现实生活中，无论父子、兄弟、上下级、同事，还是知己、朋友，绝对不批评别人是不可能的，也是行不通的。那么，在纠正他人的错误时应该采取什么样的易于为对方所接受的说话方式呢？以下方法可供参考：

第一，对人要具有极大的同情心，这样我们就不仅不会对人吹毛求疵，反而会对其产生错误的原因加以谅解。而且，我们要时刻想着自己与对方是站在一边的，而不是和他敌对的。

第二，说话要温和委婉，不可用刺激的或使人听了不舒服的字眼。如果说话会令人无法忍受，那么即使对方嘴上承认，心里也是不会服气的。

第三，纠正他人的错误言语越少越好，最好能一两句就使对方明白，然后转至其他话题，不可啰唆不绝，使对方陷于窘境，甚至产生反感。

第四，别人做错了事情，我们对其不妥之处固然须加以指出，但对其可取之处更须加以极大地赞扬。这能使对方保持心理平衡，心悦诚服。

第五，改变他人的意见时，最好能设法将自己的意见不知不觉地移植给他，使他觉得是他自己改正了，而不是由于受了我们的批评。

第六，对于别人出现的不可挽回的过失，我们应该站在朋友的立场上，给予恳切正确的指正，使他知过而改，而不能对之施以严厉的责问。

第七，纠正别人过错时，切忌采用命令的口吻，最好采用请教式的语气。

第八，旁敲侧击，隐晦地指出别人的错误，以保留对方的自尊心，使他自觉地改正过失。

当然，纠正错误的方法还有可能是多种多样的，但不外乎都是需要讲究策略，只要我们做到了这一点，就能成功。

“兜圈子”的技巧

如果有些话不好明说，那么就可以试试“兜圈子”的方式。这个圈子也不一定是由你来兜，你可以找别人替你说你想说的话，也可以是你自己说话，但要把圈子兜好。

周瑜和孙权见过面之后，商定了联合刘备抗击曹操的大计。周瑜回到住的地方，就请诸葛亮一起来商量军事。周瑜说道：“今天已经在朝中决定了起兵的事情，我愿意向你请教打败曹操的妙计。”诸葛亮说：“孙将军的决心尚未定下，现在还不是做决策的时候。”周瑜问：“什么是决心未定呢？”诸葛亮答：“他的内心里还是比较害怕曹兵（数目众多）的，怀着寡不敌众的心意。将军你如果能够把两军的真实数目（对他）分析透彻，使他不再怀疑曹兵的数目是曹操虚夸的，接下来就可以做成（抗击曹操的）大事了！”周瑜说：“先生你的意见是非常正确的。”

诸葛亮来到东吴的重要目的之一就是劝说孙权和刘备联合抗击曹操。但是由于先前诸葛亮一味相激，孙权对诸葛亮已经有了一些不好的印象，何况，诸葛亮已经说过曹操大军的数量众多的话，再去孙权那里收回自己所说的话，有一定的困难。于是诸葛亮兜了个圈子，通过周瑜去说，一方面可以达到自己的目的，另一方面还等于给周瑜献计，使双方都满意。诸葛亮的圈子兜得可谓高明至极。

跟诸葛亮学说话

在日常交往中，一般而言，直言快语是人的真诚所在，是受欢迎的，但有时候效果并不佳，轻者损害人际关系的和谐，重者造成麻烦，违背言语交际的初衷。而有时有意绕开中心话题和基本意图，采用外围战术，从相关的事物、道理谈起，即所谓“兜圈子”，却能收到较理想的效果。请看下面几个例子。

例一：一位年轻媳妇，见小姑穿了件新的羊毛衫，猜想是婆婆买的，故意高声对小姑说：“嗬，从哪里买来的羊毛衫，真漂亮！”婆婆在一旁答话：“从对门商场买的，刚到的货。我先买一件，让你们穿上试试，要看中了，下午再买一件，你们两人一人一件。”

例二：一天，某青年教师早早回家做了一锅红枣饭。妻子下班回来，端起碗，高兴地问："这枣真甜啊，哪来的？"丈夫说乡下姨妈捎来的。妻子不无感慨地说："姨妈想得可真周到啊，年年捎枣来！"丈夫说："那还用说，我从小失去父母，就是姨妈把我抚养大的嘛！"妻子说："她老人家这一生也真够辛苦的。"稍停，丈夫忽然叹了口气，说："听捎枣的人说，姨妈的老胃病又犯了，我想……""那就接来呗，到医院好好治治。"不等丈夫把话说完，妻子就说出了丈夫想说还未说出的话。

例三：晚饭后，几位青年人去拜访某教授。谈到夜深，教授接着青年人的话题说："你提的问题很值得研究，明天我去A城参加一个学术会，可就这个问题找几位专家一块聊聊。"几位青年立刻起身告辞："很抱歉，不知道您明天还要出差，耽误您老休息了。"

从例一中可见，年轻媳妇见小姑穿上了新的羊毛衫，猜想是婆婆买的，也想要一件，但又不好意思说出口，于是转向小姑夸羊毛衫，"顾左右而言他"，达到目的。

从例二中不难看出，青年教师想接姨妈来城里治病，但不直说，而是通过吃枣饭、忆旧情，营造一种适宜的氛围，然后再说姨妈生病，而让妻子说出接姨妈的话，自然比直说高明多了。

例三则是，教授明天出差，要早点休息，但碍于情面，不好直言辞客，而接过对方话题一兜，即达到了辞客的目的。话语委婉得体而不失礼仪。由此看来，说话兜圈子，有时候确实是必不可少的，它能起到直言快语所不能起到的作用。

著名语言学家王力先生曾说过，兜圈子是一种说话的艺术。要正确运用这种艺术，首先要善于分辨言语交际的具体情况，做到当兜则兜，不当兜还是直说为好。兜圈子主要有如下几种情况：

①顾及情面，有些话不便直说，可以兜。比如婆媳之间、恋人之间、两亲家之间等，均系刚刚建立起来的情感，基础欠牢固，交往中言语稍有差错，都会带来不快或者产生误解。那位年轻媳妇，如面对亲生母亲，大可不必兜圈子，但面对婆婆，就不好直说要东西了。而她的兜圈子，既达到了目的，又不失情面。

②出于礼仪，有些话不便直说，可以兜。对一般关系的人，或是晚辈对长辈，下级对上级，对待外宾，为了不失礼仪，有时就需要兜圈子。那位教授的话，就与以上特定的交际场合、对象、自身的身份相称，实现了和谐的沟通。试想，如果直言明天出差，改日再谈，虽然也可以达到辞客的目的，但却会置对方于较为尴尬的处境，也有失教授的身份。

③某个意思直接挑明，估计对方一时难以接受，一旦对方明确表示不同意，再要改变就困难多了。在这种情况下，为了强调事理，征服对方，就可以把基本观点、结论性的话先藏在一边，而从有关的事物、道理、情感兜起。待到事理通畅、明白，再稍加点拨，自然能够达到说服对方的目的。例二那位教师就是针对这种情况而有意兜圈子的。

④有时候，由于对方的情绪、思想所致，难以与之进行沟通，而要说服对方，就要想方设法与之接触，开辟并发挥言语交际的信息渠道的作用。如人们所熟悉的《触龙说赵太后》中，触龙的言语成功就在于他运用了兜圈子这种艺术手段。

准确运用兜圈子这种说话艺术，除了要善于区别交际活动的具体情况，做到当兜则兜外，还要了解兜圈子的一些常用方法，灵活地组织话语。从兜圈子所利用的事物、事理与中心话题、交际目的关系分析，主要有如下几种：

①因果法。即从促使对方接受观点、产生行为的诸种原因兜起。这种原因可以是事实，也可以是理论。例二那位教师兜圈子就是采用的这种方法。姨妈把青年教师抚养成人、姨妈年年捎枣、姨妈生病是因；接姨妈治病是果。这是用事实兜。再如陈毅任上海市市长时，干部实行配给制，为了不给国家增添负担，想劝岳父回老家。若直接提出老人可能产生误解，陈毅同志就绕了个弯先问老人家共产党好还是国民党好。当老人家说出国民党任人唯亲，一人得道、鸡犬升天时，陈毅同志说："说得好，所以国民党要倒台……那您喜欢不喜欢您的女婿也这样？"老人立刻明白了其中的道理，决定回老家去。这是用道理兜，先以事明理，再以理论事。

②推论法。即从与交际目的相关的事物兜起，让对方由此及彼，或由表及里推出新的意思。例一那位年轻媳妇就是采用了这种方法。媳妇称赞小姑的新羊毛衫，在婆婆心里必然产生这样的思考：儿媳夸小姑的羊毛衫，当然是自己也想要一件；儿媳也是自己家里人了，应该同女儿一样看待，既给女儿买了，也该给儿媳买，这是事理常情。

③比照法。即寻找与交际话题具有类比意义的事物兜圈子。两相比照，语义明晰，或者兜而不发，令对方自悟，或者稍加点化，令对方自知。传说郑板桥早年家贫，一年除夕赊了一只猪头，刚下锅，又被屠户要了去转手卖了高价。为此他一直铭记心底。后来他到山东范县做官，特别规定杀猪的不准卖猪头，自己吃也要交税，以示对屠户的惩罚。夫人闻之，感到实在不妥。一天，她捉了只老鼠吊在房里。夜里老鼠不住地挣扎，郑板桥一宿没有睡好觉。他埋怨夫人。夫人说她小时候好不容易做了件新衣裳，被老鼠啃坏了。郑板桥听后笑了："兴化的老鼠啃坏了你的衣裳，又不是山东的，你恨它是何道理？"夫人说："你不也恨范县杀猪的吗？"郑板桥恍然大悟，随

即吟诗一首：贤内忠言实难求，板桥做事理不周。屠夫势利虽可恶，为官不应记私仇。郑板桥夫人的话，通过两种事的比照兜圈子，而后画龙点睛，说服了郑板桥。

④双关法。即寻找与中心话题相关的具有双重内涵的事物兜圈子。言在此而意在彼，获得一种含蓄委婉的语言效果。比如，一位农村小伙和一位姑娘暗暗相爱，但都羞于直接表白。一天，两人在田间相遇，姑娘灵机一动，指着花间飞动的蝴蝶问小伙："你说为什么只见蝴蝶恋花，不见花追蝴蝶呢？"小伙一时发愣："花怎么能追蝴蝶呢？"他转瞬明白了对方的意思，坦率地表达了对姑娘的爱慕之情。这位姑娘的看似无心之问，自然令对方思考到其双关含义，话语委婉、巧妙，既实现了完美的表情达意，又不丢脸面，不留口实。

⑤情感投资法。即某一交际话题一时难以为对方接受时，根据对方的思想、兴趣、职业等特点，先从本题之外的副话题兜起，等到言路畅通，再自然引入本题。触龙就是运用了这种方法说服赵太后。

附带说明，兜圈子有时能产生一种含蓄委婉的语言效果，但含蓄委婉的话却并非全是兜圈子。兜圈子也不是猜谜语、说隐语，它是曲径通幽，最终要让对方理解自己的意思，如果兜来兜去，把对方引入迷魂阵，那就不好了。再者，兜圈子这种说话艺术一定要慎用，兜之不当，会给人以啰唆、虚伪之嫌，与交际目的相背离。

体谅对方，以心换心

作为一种处世的态度，对待别人一定要宽容，尤其是在话语上。如果逞口舌之能，虽然能换得一时之快，但因此埋伏下了大的祸患，就不好了。所以，说话前，还是要体谅一下对方的处境为最好。

面对即将到来的大兵压境，而诸葛亮却闭门不出。后主十分焦虑，何况太后也很着急。于是后主便去亲自拜访了诸葛亮。然而后主听了诸葛亮的一番解释后，是又惊又喜，说道："丞相真是有神鬼莫测的智谋啊！我想听一下你具体的退兵方法。"

诸葛亮说："先帝把你托付给我，我哪里敢不尽心竭力？在这里的这些大小官员，都不懂得兵法的真谛。兵法要想不被人料到，那就不能轻易向人泄漏（除了皇帝你）。老臣先知道西番国的国王柯比能，率领部队侵犯西平关；我知道马超本来就是西凉人，（因为世代都是贵族）所以在西凉人中颇有威望，那里的老百姓都尊称马超为神威大将军（不可战胜的）。我已派遣一个人，日夜兼程去通知马超，让马超紧守西平关，埋伏下四路部队，每天轮换防守，以这样的用兵方法来抗拒（柯比能的入侵）；这一路兵就不用担心了。又有一个孟获，起兵来攻打南边的四个郡。我又派人通知魏延，带领一支部队从左路出发，从右路返回；再从右路出发，从左路返回，以这样的疑兵来迷惑对方。那些少数民族的士兵打仗只是靠蛮力，不知道用兵法，他们总是怀疑心很重，一看到这样的部队，就不敢进攻了，所以这一路兵也不用担心了。又打听到以前的叛将孟达，带领部队向汉中进军，而孟达与李严将军是生死之交，我上一次出兵回来时，就留下了李严来防守永安宫。我已写了一封书信，只说是李严所写，派人送给孟达，孟达必然会推辞身体有病而不出战，以此来怠慢军心，使士兵们无心作战，（这样的话）这一路兵也不用担心了。还听说曹真领兵去攻打阳平关，阳平关的地势险要，可以坚守，我已调派赵云带领一支部队去防守，无须出战。曹真看见我军并不出战，时间一长，他就会因为坚持不下去自己退兵了。这四路部队都可以不用考虑了。我还怕不能够确保安全，又秘密调遣关兴、张苞二位小将军，各自带领三万人，驻扎在要紧的地方，以作为救急之用。这次数路调动部队的事情，并没有向你汇报，所以这里并没有人知道。只有东吴这一路兵，不一定就会来攻打我们；他如果看到其他四路兵都得手了，我们的形势危急，他就会（乘人之危）来攻打我们；如果其他四路兵都没有占到便宜，他又怎么会贸然进攻呢？我猜测孙权必然会因为曹丕曾经派遣三路大军进攻东吴而记恨他，不会好好地听从曹丕的派遣。虽然是这样的形势，但还是得派遣一个能言善辩的人，前往东吴，向他们讲明利害关系，就可以先把东吴这一路兵劝退；剩下的四路部队，又有什么好担心的呢？但是我没有找到肯出使东吴的人，所以我在这里犹豫。怎么能够惊动你的大驾光临呢？”

后主说：“本来太后也（因为形势危急）想来问问你，不过听你这么一说，我如同刚从梦中醒来一样踏实了。我还有什么好担心的呢？”

诸葛亮作为一个臣子来说，能获得主公的信任是最重要的，刘备在世时，就不必说了。如今换了后主，诸葛亮就得做足工作才行。面对后主的焦虑，诸葛亮很理解对方的心情，很详尽地解释了自己的计划和闭门不出的原因。这是军事秘密，知道的人越少越好，但是面对主公，自然是知无不言，言无不尽，只有这样，才能以心换心，获得足够的信任。倘若故作神秘，不加告知，后主心中势必疑虑更大：他在瞒着我干什么呢？这样的话，惹祸上身的日子就不远了。

不过，诸葛亮毕竟是一个聪明人，再加上他的高明口才，化解这样的小问题自然不在话下。

跟诸葛亮学说话

有句古话：以责人之心责己，以恕己之心恕人。意思是说，对自己不妨苛刻点，每当自己犯了错，一定要以一种不能容忍的心态反躬自省；而对待别人却不能过严，应该以一种体谅的心态去理解对方。

这是一句励志格言，值得我们大力提倡，因为生活中符合这一要求的人毕竟太少了。

每个人都有利己心理，一旦自身有了过失，总要千方百计为自己找寻借口，实在无法自圆其说时，也会意味深长地来上一句："我也是人啊！"然而当抓住别人的错误时，却立刻忘了"对方也是人"，而代之以"你怎么能这样"的厉声责问。为什么不能把这两种区别对待的方式相互换位呢？

有一个女出租司机在送一位青年到达目的地后，对方突然掏出尖刀要她把身上的钱全掏出来。这名女司机没有慌张，她冷静地把当天的300元收入递给对方，同时"体谅"地说："今天就挣了这么多，要不我把零钱也给你吧。"她又掏出20元零钱。

那个抢劫者见女司机如此镇定，这么自然，不禁有些发愣。听到女司机提出再送他一程时，他也没有反对。当车上气氛缓和后，女司机很自然地开导对方："你的心情我能理解。我家原先也很困难，父母常年有病，我和弟弟经常遭受别人白眼。一次弟弟拿了珠宝店一个有钱人的提包，在对方追赶下，跑经十字路口时不幸滑倒，被一辆大卡车碾了过去……我不认为弟弟是个坏人。后来我学驾驶，又借钱买了这辆车。我不信自己就应该受别人冷落。只要自己瞧得起自己，别人的态度都不用去计较。”那个青年一言不发。

“但我不能原谅弟弟的是，他有什么想法从不跟我说，不然他也不会……他的死真不值得。”女司机接着说。

“停车停车。”男青年突然大叫。当车停到路边时，男青年把那320元钱放在女司机旁边的座位上，同时低声说道：“大姐，谢谢你。”男青年推门下车，头也不回地走了。

从这名女司机坦然的话语中，你不能不对她那份从容和宽容感到钦佩。是的，世界上没有天生的恶人，任何一个人来到人世都没有抱着威胁他人的目的。只不过大多数人能够冷静面对自己的先天“劣势”，而有极少数人却产生错觉，将一切不幸归咎到外界，以至犯下不该犯的错误。其实，任何一个人犯错都是有原因的，只要我们能够站在对方的立场，以宽容的心态去理解和体谅，往往能收到强烈谴责所不能达到的效果。

说好难说的“伤人”话

当你的话会给某人造成伤害时，这样的话总是会令人难以启齿。但在一些场合，你又不得不说，在这样的情形下，你就必须掌握一定的口才技巧，既要把“伤人话”用某种方式说出来，又要将伤害降到最低限度，最终取得理想的效果，这是一个人在人际交往中立足的根本。

诸葛亮挥泪斩马谡就是一个典型的例子。

诸葛亮脸色一变对马谡说道：“你自从幼年开始便熟读兵书，熟悉作战的各种方法。况且我数次叮嘱你：街亭是我的主要根据地。你以全家的性命做担保，接受了这样重要的任务。其实我要是早听从了王平的话（不用你），怎么会有今日的祸事呢？现在战败，还损失了几位将军，丢掉了战略要地，都是你的过错！如果不按军法处置，怎么能让别人服气呢？你现在违犯了军令，不要再埋怨我了。你服法了以后，你的家人，我还派人按月把你的俸禄送去（供他们需用），你就不用再牵挂了。”

马谡哭着说道：“丞相把我当成亲儿子一样，我也把丞相看作是我的父亲一样。现在我的死罪已经逃不掉了，希望丞相能够像舜帝因思念鲧而任用他的儿子禹一样（以后任用我的儿子），我虽然死了在九泉之下也就没有什么遗憾了！”说完就大哭起来。

诸葛亮说：“我与你实际上就像兄弟一样，你的儿子就如同我的儿子一样。你也不必再多叮嘱了！”

这时，参军蒋琬高叫：“刀下留人！”他进来见过诸葛亮后说：“过去楚王杀了大臣成得臣，他的对手就非常高兴。现在你统一大业尚未完成，就杀掉有智谋的大将，难道丞相你就不感到可惜吗？”

诸葛亮流泪说道：“过去孙武之所以作战没有失败过，就是因为他法纪严明。现在正逢乱世，到处有人在争夺天下，战争才刚刚开始，就废除掉早已定下的军法，还拿什么与敌军较量呢？按照军法斩了他吧！”……

蒋琬问道：“现在马谡犯了罪，既然已经把他按照军法处置了，丞相你又为什么哭呢？”

诸葛亮说：“我并不是为马谡而哭，过去先帝（刘备）在白帝城将要逝世时，曾经叮嘱我说：‘马谡所表现出来的，其实掩盖了他真实的才能，不可以重用他。’现在果然应验了先帝的这句话。我深深地恨自己的察人不明，回忆起先帝说过的话，因此才哭啊！”

大大小小的将士，无不痛哭失声。

马谡由于骄傲自负，才最终导致了非常严重的过错，这个过错也许让蜀国伤了元气也未可知。所以，马谡必须死。然而，由谁来告诉马谡为什么要死呢？只有诸葛亮。这个最难说的伤人话落在了诸葛亮的肩头上。诸葛亮虽然很不忍心，但还是直言告诉了马谡，同时还对马谡的身后事做了详尽的安排，使马谡死而无怨。同时他也告诫了众将士，以后不要再犯马谡这样的致命错误。

跟诸葛亮学说话

究竟怎么做才能说好“伤人”的话呢？只要你遵循以下的几个原则，做到这一点并不难。

（1）以婉代直

老胡总爱上别人家串门，而且一旦进了门，就唠唠叨叨聊个没完，不聊到筋疲力尽不会主动离开，弄得大家都有点怕他。这天晚上，他又串到老白家，摆开了一副聊天的架势。老白焦急万分，真想直接跟他下逐客令，但又怕说出来会伤害到他。聊了一会儿，老白说："老胡啊，今晚我有时间，咱们可以好好聊聊。从明天开始我就要全力以赴写职评小结了，我争取这次能评上工程师。"

这两句话的言下之意再明白不过了：请您从明天起就别再来打扰我了。果然自第二天起，老胡就再没有找上门来。

生活中，对那些不受欢迎的人下逐客令，的确难以启齿，但如果你善于以婉代直，用委婉的语言暗示对方，效果会比那种冷酷无情的逐客令要好得多。类似的话，还有"最近我妻子身体不适，吃过晚饭就想睡，咱们是不是说得再轻点儿？""这是我第一次发表文章，请您指正。我想今后尽量挤时间来写点东西，我还年轻，真想有所作为啊！"这些话，或者用的是商量的口气，或者表达的是尊重的意思，但都是话中有话地暗示了对方：不希望你的高谈阔论再来打扰我了！

（2）逐渐渗透

有一位老人体弱多病，心脏不好，在外地工作的小儿子是他最宠爱的。过年时，儿子来信说要回来看望老人，老父亲十分高兴，在家里准备了很多好吃的。可是儿子在回家的路上出车祸死了。这个消息如何告诉老人呢？如果直言相告，老人肯定承受不了。于是家人是这么跟老人说的：

"路上车太多，出了车祸，小冲受了伤，正在抢救。"

过了一天，又说："还在抢救，不过情况不太好。"

又过了一天，家里人说："我们可能得做最坏的准备了。"

最后，告诉他："医生做了最大的努力，但是……没有留住小冲。"

此时，老人已经明白了，却显得不是那么震惊。生活中，当估计到不幸消息对于当事人可能造成致命打击的时候，就不宜一次性地通知对方，而应采取这种逐渐渗透的方法，一次比一次多地把坏消息透露出来。在这样一个过程中使之增强承受力，当最后把实情说出来时，对方就不会感到太突然了，以致承受不住。

（3）自言自语

美国报业大亨赫斯特在旧金山办第一张报纸时，著名漫画大师纳斯特为该报创作了一幅漫画，内容是唤起公众迫使电力公司在电车前面装上保险栏杆，防止意外伤人。然而纳斯特的这幅漫画完全是失败之作。发表这幅漫画，有损报纸质量，不刊登这幅漫画，又如何向他开口呢？如果直言告诉他这幅漫画画得不好，必然会伤害到这位大师的自尊心。

当天晚上，赫斯特邀请纳斯特共进晚餐，先对这幅漫画大加赞赏，然后一边喝酒，一边唠叨不休地自言自语："唉，这里的电车已经伤了很多孩子了，多可怜的孩子！这些电车，这些司机简直不像话，这些司机像魔鬼，瞪着大眼睛，专门搜索在大街上玩耍的孩子，一见到孩子就不顾一切地冲上去……"

听到这里，纳斯特从座椅上弹跳起来，大声喊道："我的上帝，赫斯特先生，这才是一幅出色的漫画！我原来寄给你的那幅漫画，请扔进纸篓。"

这里，赫斯特没有直接说出来对那幅漫画的不满，而是利用自言自语的技巧，流露出内心思想，既使对方自己做出放弃的决定，又不伤害对方的自尊心，保全了对方的面子。这不失为一种好办法。因为人都爱自己的面子，有些话直接说出来只会伤了和气，而采取自言自语的方式说出自己心里真实的想法，虽然没有面对面地直接告知对方，对方也会从你的话中读出你的真实意思。

委婉暗示，曲径通幽

在交际中，处处有委婉，常常用委婉，它可大大增强你的交际效果，委婉有时实在是妙不可言。

为了谋取西川，诸葛亮和刘备听说西川人张松出使魏国，便在张松回来之时，亲自接见他。张松在酒席间问道："现在刘皇叔拥有荆州，不知道除了荆州之外，还有哪几座城池归你所有？"

诸葛亮回答道："就连荆州也是暂时借东吴的，东吴总是派人前来讨要。现在因为我的主公做了东吴的女婿，所以暂且在这里安身。"

张松说："东吴占据六郡八十一州，民强国富，难道还不知足吗？"

庞统说道："我的主公是当今汉朝皇帝的叔叔，反而不能够拥有一个安身之处；其他那些窃取汉朝地方的奸贼，反倒都倚仗势力强行占领汉朝的土地。那些贤能之士都为此感到不公。"

刘备说："二位不要多说了。我有什么德行，敢去想那么多呢（有现在这个地盘已经知足了）？"

张松说："不对。刘明公你是汉朝皇室的后裔，凭借仁义闻名于天下。不要说占领一些州郡，就是代替正道而身居皇位，那也是应该的。"

在张松面前，诸葛亮并没有客气，暗示张松，刘备作为汉室的宗亲反而没有自己的安身之处，引起张松的深切同情。同时庞统和刘备也一唱一和，前者附和诸葛亮，后者自谦，以表示自己的仁义，虽然没有明说，但张松那样聪明的人自然听得出其中的真实用意。最终，张松把西川的地图献给了刘备，还许诺回去联络自己的朋友，作为内应，在刘备谋取西川时助其一臂之力。诸葛亮的暗示得到了最好的回应。

跟诸葛亮学说话

谈起《水浒传》，人们便会立即想起那心直口快的“直炮筒”鲁智深的形象。其实，即使是最直率的鲁智深，有时也离不开委婉，说话也有含蓄的时候。电视剧《鲁智深》写鲁智深三拳打死镇关西后，为了逃避官家的追捕，只得削发为僧。剧中有一段台词：

法师：“尽形寿，不近色，汝今能持否？”

智深：“能。”

法师：“尽形寿，不沾酒，汝今能持否？”

智深：“能。”

法师：“尽形寿，不杀生，汝今能持否？”

智深：“……”（犹豫深思）。

法师高声催问：“尽形寿，不杀生，汝今能持否？”

智深：“知道了。”

要叫鲁智深不近女人不饮酒，他还能做到，倘要他不惩杀世间的恶人，实在难办。但此时若回答“不能”则法师必不许其削发为僧，他就无处藏身了。因此来一个灵活应对，回答“知道了”，暗示“不能持”，在法师面前过得了关，又不违背自己的本意，两全其美。

委婉，或称作婉转、婉曲，是一种修辞手法。它是指在讲话时不直陈本意，而用委婉之词加以烘托或暗示，让人思而得之，而且越揣摩，得到的含义越深越多，因而也就越有吸引力和感染力。

无论是谁，在生活中都有不便直言之事。青年男女向异性求爱，虽然文学作品中也有“姑娘，我爱你”“小姐，嫁给我吧”“亲爱的，我向您求婚”之类的直率描写。但大多数人尚无这种勇气，因此常用婉语。如少数民族有些人很崇尚以对歌表达爱意，是很能表达青年男女的感情的。

在社交中，为给人以风趣之感，有人常常运用故意游移其词的手法，曲折地表示了事物的本意，但又没有违反使用语言的规律，往往会收到意想不到的效果。

总之，在社交交谈中，适当讲究曲径通幽的谈话艺术，会使你魅力无穷。正像格拉西安所讲的至理名言那样：“说得恰当要比说得漂亮更好。”

有意曲解，以曲对直

在某些场合，面对别人的责难，特别是一些正在火气上的人，直言说理一般是听不进去的。在这个时候，你可以采取有意曲解对方本意的方法，避开对方正面的锋芒，迂回进言，方能达到你的目的。用这种有意曲解对方本意的应对策略，还可以对付那些喜欢含沙射影的人。

诸葛亮在舌战群儒中就有过类似的表现，那是他对东吴的步骘。

步骘说：“难道你想效仿前朝的苏秦、张仪等人，来游说东吴（上你们的当）去一同抵挡曹操（百万大军）吗？”

诸葛亮说：“你认为苏秦、张仪仅仅是善于辩论的人，却不知道苏秦、张仪也是真正的豪杰。苏秦同时佩带六个国家的丞相印绶，张仪两次出任秦国的相国一职，都是有治国之谋，并不是那种害怕强人只知欺凌弱小，到关键时候又只知道逃避的人。你们只是听到曹操用大话来诓骗，就因为害怕（曹操的强大）而请求投降，又怎么能够去笑话苏秦、张仪这样的真豪杰呢！”

当步骘质问诸葛亮是不是想当说客时，诸葛亮并没有为自己做过多的辩解，而是顺着对方的话头，有意曲解对方的意思。进而解释苏秦、张仪是真正的豪杰，从另一方面为自己做了最好的解释，而话中又丝毫没有明显的自夸，但明白的人都听出了诸葛亮的真实用意，诸葛亮顺利地达到了目的。

跟诸葛亮学说话

有些武术家跟人交手，一般不主动接招，就是他打他的，你打你的，完全不像影视剧中表现的那样，双方你来我往，往往外人还不知怎么回事时，胜负已经见了分晓。所以有句拳谚说，“硬打硬进无遮拦”，指的就是完全不买对方的账，如果对方是装甲车，你就要看准对方弱点，一击而制胜。在辩论时，也需要这种始终以自我为中心的辩论方式，才能够避免受对方的支配。

俄国作家赫尔岑有一次到朋友家参加一个音乐会，可没想到音乐会的节目实在太糟。开演不久，赫尔岑就捂住耳朵打瞌睡了。

女主人对赫尔岑的举动有些不高兴，问他：“你不喜欢我准备的音乐会吗？”

赫尔岑摆摆手，说：“只是这些曲子不太上档次。”

“你说什么呀？这可全都是流行乐曲呀！”女主人大呼小叫起来。

“难道流行乐曲水准就必然高吗？”赫尔岑平静地问女主人。

“那当然。水准不高怎么能流行呢？”

赫尔岑听了之后，微笑着问女主人：“你认为流行性感冒水准高吗？”

那位女主人本想用乐曲的广泛流行来证明自己准备的音乐会曲目水准极高，不料却受到赫尔岑以流行性感冒做比喻给予否定。这里，赫尔岑就是运用了“你打我也打”的辩论策略，令对方无言以对。

其实，只要你细加分析，就会明白，赫尔岑是在诡辩，因为感冒和音乐完全不具可比性。但这种诡辩恰是“你打我也打”策略的实际运用。正如拳击的目的旨在打倒对手，辩论的目的无非是为了迫使对方住嘴。因此，总结两者的共性，那就是：无须顾虑手段高下，胜利才是硬道理。

第九章

圆术

——话有失足，圆之有道

圆场的话怎样说

当一个人需要说圆场的话时，一般是处于场“不圆”的状况下，或尴尬难堪，或剑拔弩张，或对方心神不宁、格外担忧的时候，这时只有具备了高超的说话技巧，才能化解这种紧张的气氛。

同时，在这种场合下如何说话，才显得你既不是在插科打诨，又不是在违心讨好，其中的度如何把握，就要看这个人的口才水平如何了。

在赤壁之战马上就要开始的时候，诸葛亮智激关羽，让他把最重要的任务——捉拿曹操给承担下来，并且立了军令状。

这时刘备担忧地说：“我这个兄弟最讲究义气，如果曹操真的从那里逃跑，（以我的了解）他一定会把他给放走的。”诸葛亮安慰他说：“我曾经在夜里观看天象，曹操不会死在这个时候。索性把这个人情，让给关羽，这也是一件美事。”刘备恭维道：“你神机妙算，这个世界上已经没有人能够超过你了！”

当关羽领命出发以后，刘备就非常担忧关羽了，因为他深知关羽一定会放曹操走的。诸葛亮于是就对刘备说了之所以用关羽的原因，就是为了让关羽报恩，报过这一次恩后，关羽就真正不欠曹操什么了。以后再捉住曹操时，就可以不必手下留情了。何况对于关羽会放走曹操的结果，诸葛亮早已料到，之所以要让关羽放曹操走，是因为他还有更重要的布置。如果捉住曹操并把他杀了，天下又会大乱，刘、吴两家势必为敌，而此时，刘备的力量还敌不过吴国。因此，才把这个顺水人情让给关羽做，这样的话，大家都有好处。这足以显示出诸葛亮高人一等的超凡才能和见识。

跟诸葛亮学说话

（1）化分歧为两面，让双方都满意

清末的陈树屏口才极好，善于调解纷争。他在江夏当知县时，张之洞在湖北任督抚，谭继询任抚军，张、谭两人素来不和。一天，陈树屏宴请张之洞、谭继询等人。当座中谈到长江江面宽窄时，谭继询说江面宽是五里三分，张之洞却说江面宽是七里三分，双方争得面红耳赤，本来轻松的宴会一下子变得异常尴尬。

陈树屏知道两位上司是借题发挥，故意争闹。为了不使宴会大煞风景，更为了不得罪两位上司，他灵机一动，说道：“江面水涨就宽到七里三分，而落潮时就是五里三分。张督抚是指涨潮而言，而谭抚军是指落潮而言，两位大人都说得对。”

陈树屏巧妙地将江面宽窄分成两种情况，一宽一窄，让张、谭两人的观点在各自的方面都显得正确。张、谭两人听了下属这么高明的圆场话，也不好意思再争下去了。

有时候，争执双方的观点明显不一致，而且也不能“和稀泥”，这时，如果你能把双方的分歧点分解为事物的两个方面，让分歧在各自的方面都显得正确，这必定是一个上乘的好办法。

（2）善意的谎言，营造轻松氛围

一次大学同学聚会，大家都好多年没有见面了，所以聚在一起有说有笑，气氛十分热烈。这时有个男士突然对一位女士说：“当年可是你主动追求我的，还记得不？”这虽然不是一句非常得体的话，可在这样的场合下开开玩笑，也无伤大雅。谁知，这位女士心情不好，很是生气地回敬了他：“神经病！谁会追你这样的人哪？也不看看自己是谁！”大家愣住了，场面顿时冷了下来，沉默得让人难堪。

这时，小李站起来，搂着这位女士的肩膀，说：“小妹，怎么还跟大学时的脾气一样啊？喜欢谁说谁是神经病，越喜欢还骂得越起劲儿！对了，你不记得了，那时……”大家一阵嬉笑，又开始聊起大学时的往事，气氛重新活跃起来。至于当时这位女士是不是真的喜欢谁就说谁是神经病，也没有人去较真了。

在交际中，有些人不合时宜地开玩笑，撞到别人的枪口上，免不了会引起尴尬。为了缓解这种局面，就可以善意地撒点小谎，为对方的玩笑话添加特定的背景资料，从而将玩笑从有利于气氛缓和的角度去解释，最好加上一点幽默的调料或者结合当时的场景说话，为大家营造出轻松的氛围，从而将话题引开，也就恰当地避免了一触即发的争执。

（3）旁逸斜出，顺着对方的心意

有一个调皮的孩子，大年初一那天，一大早就出门找伙伴玩去了。玩到中午时分，他才发现自己头上的那顶新帽子不知什么时候丢了。他于是胆战心惊地跑回家去，向母亲汇报了一下大体情况。要是在平时发生这种情况，母亲一定会大声斥责他，可当天是大年初一，不能骂孩子，于是就强忍着没有爆发。

这时隔壁的李叔来她家串门，感觉到了这位母亲的火气和孩子的害怕搅和在一起的异样气氛。一打听，才知道事情的原委。于是他笑着说："孩子的帽子丢了，这是好事啊，不正意味着孩子要'出头'了吗？今年你一定走好运，有好日子过了。"一席话，说得孩子的母亲转怒为喜，并附和着说："对，对，孩子从此出头了。"于是大家一阵哈哈大笑，家里又恢复了祥和喜庆的气氛。

当双方因为其中一个做错了事，而情绪紧张时，把事情往好的方向解释，顺着对方的心意，往往就能化解紧张的气氛。

言语失误时要积极弥补

在人们的交际过程中，无论凡人名人，都免不了随时可能出现言语失误。虽然个中原因有别，但它造成的后果却是相似的：或贻笑大方，或纠纷四起，有时甚至难以收场。

那么，能不能采取一定的补救措施或者矫正之术，去避免言语失误带来的难堪局面呢？回答是肯定的。

先看看诸葛亮是怎么弥补的。

在诸葛亮调兵遣将完毕以后，部下中的一员老将，却大声说道："我虽然年纪大了，还有名将廉颇的勇猛，马援的雄气。这两个古人尚且不服老，为什么又不用我呢？”众人回头看时，却是赵云。诸葛亮说：“我自从平定南方回来以后，马超就因病逝世了。我感到非常惋惜，就好像折去了我的一条胳膊一样。现在将军你的年纪已经很老了，若稍有差错，便会毁了你的一世英名，同时也打击了我们蜀国部队的锐气。”赵云大声说道：“我自从追随先帝以来，碰到战斗时从来没有后退过，总是冲在部队的最前面。大丈夫如果战死在疆场之上，是一种荣幸，我又有什么遗憾的？我愿意继续担当先锋一职！”接着又说道：“如果不让我当先锋，我就一头撞死在台阶之上！”诸葛亮说：“将军如果一定要当先锋，那就得和另外一个人一起去。……”于是黄忠自己推荐了自己。

诸葛亮一时失言说赵云年纪大了，稍有差错，便会毁了一世英名，殊不知，作为大将，最怕听到这样的话，于是赵云一急就说出了极端的话。这时诸葛亮也意识到自己的失言，但是好在他很快就反应过来，进行了积极的弥补，答应了赵云的要求，同时也做了稳妥的布置，从而安慰了赵云，不使其因与自己赌气而做出极端的事来。

跟诸葛亮学说话

弥补失误有以下几种技巧：

（1）及时改口

一次，美国总统里根访问巴西，由于旅途疲乏，年岁又大，在欢迎宴会上，他脱口说道：“女士们，先生们！今天，我为能访问玻利维亚而感到非常高兴。”

有人低声提醒他说溜了嘴，里根忙改口道：“很抱歉，我们不久前访问过玻利维亚。”

尽管他并未去过玻利维亚。当那些不明就里的人还来不及反应时，他的口误已经淹没在后来的滔滔大论之中了。这种将说错的地点、时间加以掩饰的方法，在一定程度上避免了当面丢丑，不失为补救的有效手段。只是，这里需要的是发现及时、改口巧妙的语言技巧，否则要想化解难堪也是很困难的。

在实践中，遇到这种情况时，有三个补救办法可供参考：

①移植法。就是把错误移植到他人头上。比如说“这是某些人的观点，我认为正确的说法应该是……”这就把自己已出口的某句错误纠正过来了。对方虽有某种感觉，但是无法认定是你说错了。

②引申法。迅速将错误引开，避免在错中纠缠。然后，接着那句话之后说“然而正确说法应该是……”或者说“我刚才那句话还应做如下补充……”这样就可以将错话抹掉。

③改义法。当意识到自己讲了错话时，干脆重复肯定，将错就错，然后巧妙地改变错话的含义，将明显的错误变成正确的说法。

（2）顾左右而言他

某校某班在一次高考中，数学和外语成绩突出，名列前茅。校长在总结会上这样说：“数学考得好，是老师教得好；外语考得好，是学生基础好。”

在座老师听罢沸沸扬扬，都认为校长的说法显得有失公正。一位老师起身反驳：“同一个班，师生条件基本相同。相同的条件产生了相同的结果，原是很自然的事，不公平地对待，实在令人费解。原有的基础与之后的提高，有相互联系，不能设想某学生某一学科基础差反而能提高得快，也不能设想学生某一学科基础好而不需要良好的教学就能提高。校长对待老师的劳动不一视同仁，将不利于团结，不能调动广大老师的积极性。”

会场有人轻轻鼓掌，然后一阵沉默。而沉默似乎比掌声对校长更有压力和挑战意味。校长没有发怒，反而笑了起来，他说：“大家都看到了吧，X老师能言善辩，真是好口才。很好，很好！言者无罪，言者无罪。”

尽管别人都猜不透校长说这话的真实意思，然而却不得不佩服他的应变能力：他为自己铺了台阶，而且下得又快又好。听了上述回答后，无人再就此问题对校长跟踪追击。

既然要撤退，就不宜做任何辩解，辩解无异于作茧自缚，结果仍然无法摆脱困境。

（3）借题发挥

司马昭与阮籍有一次同上早朝，忽然有侍者跑来报告：“有人杀死了你母亲！”

放荡不羁的阮籍不假思索便说：“杀父亲也就罢了，怎么能杀母亲呢？”

此言一出，满朝文武一片哗然，认为他“有悖孝道”。阮籍也意识到自己言语的失误，忙解释说：“我的意思是说，禽兽才知其母而不知其父。杀父就如同禽兽一般，杀母呢？就连禽兽也不如了。”

一席话，竟使众人无可反驳，阮籍也避免了杀身之祸。其实，阮籍在失口之后，只是使用了一个比喻，就暗中更换了题旨，然后借题发挥一番，巧妙地平息了众怒。

在现实生活中，借题发挥也大有用武之地。某中专学校在一次智力竞赛中，主持人问：“三纲五常中的‘三纲’指的是什么？”一名女生抢答道：“臣为君纲，子为父纲，妻为夫纲。”恰好颠倒了三者的关系，引起哄堂大笑。当这名女生意识到答错后，她索性将错就错，立刻大声说道：“笑什么，解放这么多年了，封建的旧‘三纲’早已不存在，我说的是新‘三纲’。”主持人问：“什么叫作新‘三纲’？”她说：“现在我国是人民当家做主，上级要为下级服务，领导者是人民的公仆，岂不是臣为君纲？当前独生子女是父母的小皇帝，家里大小事都依着他，岂不是子为父纲？在许多家庭中，妻子的权力远远超过了丈夫，‘妻管严’比比皆是，岂不是妻为夫纲吗？”她的话音一落，场上掌声四起。大家为她的言论创新叫绝，为她的应变能力叫好。

随机应变，应对自如

幽默是一种高超的智慧，幽默需要超人的机智，是才华学识的爆发，更是平日口才训练的结晶。无论是在针锋相对的谈判桌上，还是在日常交际场合，随机应变的诙谐幽默语言都可以令对手大为叹服，从而征服对手。

刘备问诸葛亮：“周瑜已经死了，我们该怎么做呢？”

诸葛亮说：“代替周瑜率领军队的，必然是鲁肃了。我昨天晚上观看天象，发现有预示大将出现的星出现在东方。我要以为周瑜吊丧为理由，到东吴走一趟，实际是去寻找贤士来辅佐主公成就大事。”

刘备说：“只是害怕东吴的将士（因为诸葛亮与周瑜的恩怨）加害于你。”

诸葛亮说：“周瑜活着的时候，我尚且不怕他；现在周瑜已经变成了死人，我还怕什么呢？”

诸葛亮在这里巧妙地用“死人”和“活人”来打比方，好让刘备放心让他去东吴走一趟。活人当然不会害怕死人，这是众所周知的道理，然而诸葛亮用在这里，就有一种特别的效果。连素来严肃的刘备，听了这话以后，也禁不住笑了，放心地放诸葛亮去了东吴。诸葛亮也不虚此行，为刘备带回了凤雏先生庞统。

跟诸葛亮学说话

1800年，约翰·亚当斯竞选美国总统。共和党人指控约翰·亚当斯，说他曾派其竞选伙伴平克尼将军到英国去挑选四个美女做情妇，两个归平克尼，两个留给自己。约翰·亚当斯听后哈哈大笑，说道：“假若这是真的，那平克尼将军肯定是瞒过了我，全都独吞了！”约翰·亚当斯用幽默的语言既嘲弄了诽谤者，又使自己得以清白，让选民弄清了真相，终于当选为美国历史上第二任总统。

马雅可夫斯基的诗歌深受苏联人民的欢迎，但也引起了一些浅薄无聊的文人对他的嫉妒与攻击。在一次会上，有人不怀好意地指责他道：“你的诗里为什么都是‘我’字当头？我要怎么样，我要怎么样！可见你是个极端的个人主义者！”

马雅可夫斯基觉得可气又可笑，他笑答：“为什么诗中不能用第一人称——‘我’呢？当你向心爱的姑娘求爱时，你到底是说‘我爱你’，还是说‘我们爱你’？”这话机敏幽默，回击有力，使挑衅者瞠目结舌，无言以对。

可见，幽默除了能助你摆脱困境以外，还能出奇制胜，但这手绝招也并非是名人的“专利”，任何人只要有心，都可以用巧妙有趣的话语和方式缓解矛盾，回击挑衅。在一辆行进中的公共汽车上，由于车子突然紧急刹车，车厢里有个人猝不及防，撞到一个姑娘身上。姑娘责怪他说：“德性！”那个立刻解释道：“对不起，这和‘德性’无关，这是‘惯性’。”这话引起乘客们一阵笑声。“德性”是骂人缺德，这个意思那个人当然知道，但在这种场合下一本正经地对姑娘解释，或是回敬她一句不好听的话，很可能引起争吵，陷入更加窘迫的境地。而一句“惯性”既是对自己没有站稳的科学解释，又是对姑娘骂人话的最好纠正与回敬，具有无可争辩的准确性和说服力。

争执僵局，巧妙化解

在社会交际活动中，由于交际双方彼此缺乏了解以及种种突发事件的存在，往往会导致冲突、争执或僵持场面的出现，这个时候如果没有人站出来打打圆场，那么就很可能轻则陷入尴尬，引起一方或双方的不快，干扰双方沟通交往的正常推进；重则影响到彼此的关系和友情，把本要合作解决的事情搞砸。化解这样的局面，就需要有一定的口才专长。

诸葛亮递上了《出师表》，后主看了以后说道：“丞相刚刚南征完，长途跋涉，还没有坐下来好好休息一下，现在又打算北伐，恐怕你的身体和思想都会受不了。”

诸葛亮说：“我接受先帝把你托付给我的重任，从来不敢有所怠慢。现在南方已经平定，已经没有了后顾之忧，不趁这个时候去讨伐贼人，从而收回中原，还要等待什么样的时机呢？”

突然太史谯周说道：“我昨夜观看天象，北方气势正盛，星相也显示非常明亮，先不要算计他了。”又问诸葛亮：“丞相你也懂得天文，为什么要强行（逆天而行）北伐呢？”

诸葛亮说：“天数变化无定，怎么能够拘泥不知道变通呢？我现在只是先驻扎部队在汉中，然后看对方的动静再决定下一步的行动。”

面对太史谯周的质问，如果诸葛亮针锋相对，加以反驳，势必会引起一场争论，而原本就犹豫不决的后主刘禅很可能就会取消进兵的决定，往后放一放再说，这样也会打乱诸葛亮的全盘计划。在这里，诸葛亮并没有直接和对方争执，而是转移话题，巧妙地化解了即将出现的争执，等于自己退让了一小步，给了对方面子，对方自然也不好再坚持，于是后主也同意了诸葛亮出兵的决定。

跟诸葛亮学说话

在交际中把握对方的心理，审时度势，然后凭借恰到好处的交际口才来化解争执与僵局，这确实是一项值得重视的能力。

（1）缓和僵局，妙语脱困

对引起尴尬的事件进行机智的解说，使严肃的话题诙谐化，可以缓和尴尬的局面。

在现实生活中，过于严肃和枯燥的东西往往不易为人们所接受，所以人们会想方设法把它变得灵活些、有趣些。例如一本严肃的科技类图书，人们可以通过插图的设计和版式的调整来把它变得活泼可爱一些，从而使读者乐于阅读。在交际场合中也是一样，如果某个较为严肃、敏感的问题搞得交际的双方都很尴尬，甚至于阻碍了正常交际的顺利进行时，同样可以暂时让它“委屈”一下，通过幽默的解说将其诙谐化，利用它把原来被搞僵的场面激活，使交际活动得以顺利进行。

（2）寻找借口，摆脱窘境

换一个角度或找一个借口，证明对方有悖常理的行动在某情境下的合理性，可以摆脱窘境。

人们之所以在交际活动中陷入窘境，常常是因为他们在特定的场合中做出了不合时宜、不合情理或有失身份的举动，而旁人又往往不便于直接指出这种举动的不合理性，于是进一步导致了整个局面的尴尬或僵持。在这种情形下，最行之有效的打圆场方法莫过于找一个角度或借口，以合情合理的依据来证明对方的举动在此时此刻是正当的、无可厚非的。这样一来，个人的尴尬解除了，正常的局面也得以继续下去了。

（3）求同存异，免除争执

不做孰优孰劣的比较，只强调差异性，对各方的价值都给以肯定，并拿出各方都能接受的方案，可以打破僵局。

当交际的各方因彼此都不能满足对方的条件而争执不休的时候，作为调解者应理解争执各方当时的心理和心情，不要轻率地厚此薄彼，以免加深各方的不满情绪。正确的做法是只强调各方的差异（而非优劣），并对各自的优势和价值予以肯定，以此在一定程度上满足他们的自我实现心理。在这个基础上，再拿出适合各方的建设性意见就容易被各方所接受了。

（4）善意曲解，避免尴尬

故意不理解引发尴尬事件的真实含义，而对该事件加以善意的曲解，引导其朝有利的方向转化，不失为避免尴尬的妙招。

在交际活动中，交际的双方或局外人由于彼此不甚了解，常常会做出一些让对方迷惑不解的举动，导致尴尬、紧张场面的出现。为了缓解此种局面，可以采用故意曲解的策略，假装不明白尴尬举动的真实含义，而给出有利于局势好转的理解，进而一步步将局面朝有利的方向引导。